LE
MAL DU THÉATRE

PAR

EDMOND DESCHAUMES

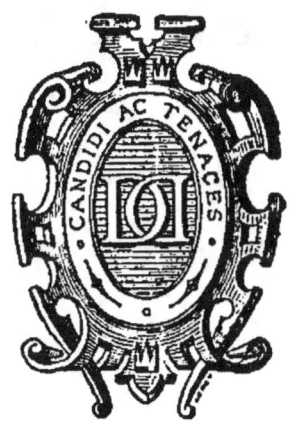

PARIS

E. DENTU, ÉDITEUR

LIBRAIRIE DE LA SOCIÉTÉ DES GENS DE LETTRES

Palais Royal, 15-17-19, Galerie d'Orléans.

—

1888
Droits de traduction et de reproduction réservés.

LE MAL DU THÉATRE

OUVRAGES DU MÊME AUTEUR.

———

L'amour en Boutique... (TRESSE ET STOCK)
Les monstres Roses.... (FRINZINE ET C{io})

A LA LIBRAIRIE DENTU

———

Joujou brisé. . . . . (3me édition.)

CHATEAUROUX.— TYP. ET STÉRÉOTYP. A. MAJESTE

PRÉFACE

A M. Jules Claretie.

Nous avons fait, sans mot d'ordre, sans conciliabules, sans esprit de coterie, dans la jeune presse, une campagne contre les mœurs du théâtre contemporain.

Affligés de la pauvreté des spectacles, de l'aveuglement des directeurs, de l'influence monstrueuse de journalistes-auteurs, nous avons lutté contre un courant de spéculation qui entraîne les directeurs à la folie des décors, et les faiseurs de pièces à la complète imbécillité.

J'ai soutenu — selon les *fours* qui se suivaient et se ressemblaient — cette campagne dans plusieurs journaux, et, en réunissant ces divers croquis de la vie théâtrale, en groupant ces études passagères du monde dramatique, j'ai voulu réunir quelques-unes des pièces nécessaires au dossier du procès que nous instruisons.

La Comédie française, malgré la situation exceptionnelle de ses sociétaires, n'a pas su échapper aux excès du cabotinage. Je conterai ici même les péripéties de cette lutte de l'orgueil contre le goût et la dignité professionnelle.

J'ai tenté d'esquisser les prétentions de ce monde de comédiens, le mercantilisme de certaines directions, l'accaparement de cer-

taines scènes rançonnées par les lansquenets
de l'art théâtral et les valets de lettres qui
paient leur part de collaboration en réclames de journaux plus ou moins efficaces.

J'ai voulu montrer combien la littérature,
c'est-à-dire la peinture des mœurs et l'étude
des caractères, tenait peu de place dans les
considérations des hommes qui réduisent la
valeur de la pièce qu'ils jouent à la recette
de la soirée.

J'aurais pu être plus violent dans mes critiques. Je me suis arrêté simplement à la
franchise, et cela suffit. Je ne veux pas faire
crier, en effet : je veux convaincre.

Nos objections sont prêtes dans les deux
camps.

Je sais d'avance que les directeurs me ré-
pondront, si je leur dis qu'ils sont coupables

de ne pas chercher assez à faire une place aux jeunes gens :

— Mais ils ne nous apportent pas de bonnes pièces !

Je leur répliquerai à mon tour en leur produisant des faits :

« Depuis quinze ans, l'imprimerie, au moyen du journal et du livre, a ouvert une brèche par laquelle se sont précipités des centaines de jeunes gens qui vivent de leurs volumes et de leurs articles. Tandis que les autres débouchés littéraires leur étaient ouverts, vous les repoussiez de vos théâtres, escomptant l'avenir de la riche moisson d'hommes que vous aviez faite.

» Vous aviez des maîtres dans tous les genres : Augier, Dumas, Feuillet, Sardou, Labiche, Sandeau, Dennery, Barrière, Mallefille, Gondinet, Meilhac, Halévy, Foussier,

Touroude, Cadol qui promettait avec ses *Inutiles* et Davyl, qui donnait sa *Maîtresse légitime*.....

» J'en citerais trop, si je voulais nommer tous ceux qui brillèrent dans la farce, l'opérette, le vaudeville, qui firent mousser ce champagne léger dont l'ivresse faisait rire longtemps et, parfois, pleurer cinq minutes. Nos pères ont adoré ce genre. Il est moins goûté aujourd'hui. Je ne le nie pas.

» Vous avez si bien fait que vous avez créé le désert autour de vous. Pendant quinze ans, sûrs de vos auteurs, parmi lesquels se trouvait M. Hennequin, qui aurait dû, sans reproche, payer l'impôt des portes et des fenêtres, vous avez piétiné sur place, sans vous douter qu'il était entré dans l'esprit du public des idées nouvelles et des sentiments différents et vous êtes arrivés à vos fins: les

jeunes gens de trente à trente-cinq ans n'ont
point appris le théâtre !

» Mais, aussi, par de justes représailles,
il arrive que le temps a fait son œuvre et que
ces quinze années ont sonné l'heure de la retraite ou de la mort de vos auteurs favoris, si
bien que, par la force des choses, nous avons
triomphé malgré tout le mépris que vous
affichiez pour nos trop justes cris d'alarme.

» Vous en êtes donc réduits aujourd'hui,
après avoir joué des maîtres, à jouer des
valets dont vous soutenez la maigre réputation avec le nom d'un journaliste de maison
sérieuse.

» M. Duquesnel a payé à Sardou, en lui
jouant le *Crocodile*, tous les déboires de sa
jeunesse. M. Bertrand a livré les *Variétés* à
M. Albert Millaud, et M. Koning le *Gymnase*
à M. Ohnet. C'est un jeu dangereux, au.

théâtre, de placer tous ses œufs dans le même panier. »

Le public saura reconnaître de quel côté sont les bonnes raisons.

Si j'ai mis le nom de M. Claretie à la première page de ce livre c'est que M. Claretie a résisté très fermement aux prétentions de certains de ses sociétaires grisés par la popularité, c'est qu'il s'est montré fort aimable pour les jeunes gens, bien que la Comédie Française n'ait jamais passé pour un théâtre d'essai.

Je l'ai dit et je le répète : je veux convaincre.

Le public s'écarte de plus en plus du théâtre ; je voudrais l'y voir ramené. Je ne conseille pas aux Directeurs d'agir contre leurs intérêts. Je veux leur persuader qu'il vaut mieux monter n'importe quelle œuvre qui vibre, de préférence à ces friperies, ces radotages, ces pauvretés qu'ils nous servent, sous le patronnage de vieilles gloires de la rampe qui n'ont plus l'oreille du public — qui n'ont même plus la leur, quand elles chantent.

Il règne sur les théâtres un esprit de routine et de convention tel que l'on y va toujours chercher midi à quatorze heures. A force d'entasser preuve sur preuve, nous arriverons peut-être cependant à prouver un jour que l'on peut avoir un tempérament d'auteur dramatique, quand on débute, et qu'il n'est pas nécessaire, pour écrire une bonne pièce, de rédiger une soirée théâtrale dans un journal plus ou moins lu.

Ce livre arrive en un moment cruel. Après avoir montré quel souci les détenteurs du théâtre moderne ont de l'intelligence et du goût du public, la catastrophe de l'Opéra-Comique nous prouve quel souci ils ont de sa

sécurité. Je ne parle même pas de son bien-
être. Il ne faudrait jamais avoir occupé un
fauteuil aux Variétés ou une baignoire au
Palais-Royal pour savoir ce que l'on appelle
le bien-être et la commodité dans un théâtre
de Paris !

E. D.

LE MAL DU THÉATRE

PLAIES INSONDABLES

LE THÉÂTRE ET LE *FIGARO*

A M. Albert Wolff.

Mon cher maître, vous vous êtes emballé...
Je vous y prends, je vous y pince, et je ne
vous lâche plus. C'est vous qui avez mis les
pieds dans le plat. C'est vous qui avez poussé
des cris qui ont forcé les bourgeois à se re-
tourner. C'est vous qui avez entamé la discussion tant de fois reprise, tant de fois es-
quivée de l'influence du journal le *Figaro*
sur le théâtre contemporain. Vous vous trouvez hors de cause, vous personnellement. De
loin en loin, il vous plaît de prouver à Sarcey
que vous avez autant d'esprit au théâtre qu'à
la ville, puis vous retournez tout tranquillement à vos tableaux. Vous n'êtes pas auteur

dramatique de profession. Vous l'êtes par fantaisie, par humour, et non quand cela fait plaisir à « Mossieu » le directeur. Par conséquent, vous n'avez aucun intérêt à faire cause commune avec la bande d'auteurs dramatiques dont le *Figaro* porte la fortune.

Vous n'êtes pas homme, je le sais, à signer une machine avec un vaudevilliste qui se charge de tout l'ouvrage. Vous n'êtes pas de caractère à affermer à une direction toute la fleur de votre talent. Vous êtes trop digne et trop ennemi des marchands d'encre pour vouloir imposer à un directeur de théâtre des traités léonins en échange de désolantes âneries. Et pourtant les gens dont vous prenez la défense opèrent ainsi dans les théâtres, qu'ils écument au préjudice de l'art, de l'esprit et de la joie.

Vous savez ça aussi bien que moi : le *Fi-*

garo porte un pavillon qui couvre sa mar-
chandise. Tous les hommes d'esprit y ont eu
leur tabouret. S'ils y sont moins nombreux
aujourd'hui, c'est que les hommes d'esprits
sont peut-être devenus plus rares, — ou que
l'on a bâti d'autres maisons à côté. Quand
un vaudevilliste se présentait à M. Blandin
sous les traits d'un rédacteur du *Figaro*, cet
autocrate se mettait à quatre pattes et le trai-
tait avec des égards qui ne sont dus qu'aux
mamamouchis. On s'est toujours demandé
avec une certaine stupeur comment l'étude
acharnée du sport avait amené M. de Saint-
Albin à devenir le confrère de M. Émile Augier. Quant à M. Prével, je vous le déclare,
je n'ai pu encore mettre la main sur un
homme du monde ou un homme de lettres
qui ait réussi à le prendre au sérieux. On
conte même, sur le *Mari qui pleure* de M. Prével, une légende qui a son charme. M. Prével
s'en serait fait fournir l'idée par M. Sardou,

'aurait réussi à obtenir de M. Alexandre
Dumas qu'il écrivît le dialogue et aurait signé
le tout. C'est une légende, je le veux ! Mais
vous n'ignorez pas qu'il n'y a pas plus de
fumée sans feu que de légende sans motif
caché. M. Albert Millaud, qui a de l'esprit
jusqu'au bout des ongles, qui était né pour
le théâtre, s'est laissé entraîner à tel point
par la passion de lire son nom sur une affiche qu'il a accepté les collaborations les
plus fâcheuses et compromis sa réputation
dans des aventures successives. Le regretté
Arnold Mortier, qui trouvait le moyen d'être
drôle tous les jours, se livrait aux mêmes
opérations de coulisse, si bien que les rédac-
teurs du *Figaro*, par une rapide progression,
ont accaparé le monopole du théâtre moderne. C'est ce que Sarcey vous a dit ; c'est en
quoi Sarcey a raison. C'est sur ce terrain que
nous le soutiendrons tous, car vous serez
forcé de reconnaître que ce myope, qui vient

de donner du nez dans vos vitres et qui est
tout surpris de se l'être coupé, s'insurge à
bon droit, dans un intérêt général bien entendu.

Il est inadmissible en effet qu'il suffise
d'être journaliste pour entrer tout de *go* dans
un théâtre. Or, il est évident que le premier
venu de vos garçons de bureau aurait plus de
chance de faire jouer une idiotie quelconque
que M. Becque de faire agréer sur-le-champ
une pièce par le directeur du Vaudeville ou
par le surprenant M. Koning. Il est douloureux
de penser que, dans le temps où nous vivons,
Molière serait obligé d'accepter la collaboration d'un reporter ou de rédiger le courrier
des théâtres dans le but louable d'apprendre
à nos concierges, une heure avant qu'ils nous
montent le journal, que Mlle Tata, des

Bouffes, s'absente pendant neuf mois des
planches sur lesquelles elle se prostitue. Ce
métier de courriériste a une utilité incontestable. Je suis trop Français pour ne pas le
reconnaître franchement; mais je pense (et
nous sommes d'accord là dessus) que, s'il
convient adorablement à M. Prével, il ne convient pas du tout à Molière, ni même à ceux
qui ambitionnent de suivre Molière de loin.

Vous vous insurgez, mon cher maître,
parce que Sarcey dénonce les agissements de
la bande du *Figaro*. Permettez! Ne se met
pas en bande qui veut! C'est déjà un signe de
force et de puissance, contre lequel l'auteur
dramatique libre ne peut lutter. Je ne suis
pas assez bête pour vous opposer de grands
mots à propos d'une pure question de boutique. Si vos camarades, dits de la bande,
avaient du talent et nous donnaient de
bonnes pièces, je laisserais hurler les jaloux
et ne croirais point que le journal d'où je

vous écris a été fondé dans l'unique but de servir d'écho à leurs colères et à leurs rancunes. Je souffre simplement de voir nos meilleurs théâtres et nos meilleurs artistes accaparés par des journalistes qui font travailler M. Valabrègue.

M. Valabrègue était bien plus drôle quand il n'avait pas d'ouvrage. Il organisait un meeting tous les matins, en déjeunant au Cercle de la Presse, et faisait déja prévoir tous les fours qui s'échafaudaient dans le cratère fumant de son cerveau. Je dois pourtant reconnaître qu'il a fait de réels progrès, et je lui souhaite de signer bientôt seul sur l'affiche pour voir ce qu'il pourra donner [1].

Non ! Tout cela n'est pas sérieux. La scène française n'est pas faite pour se prêter aux combinaisons financières de journalistes ligués avec quelques fabricants de vaudevilles de troisième ordre. Si le théâtre appar-

---

1. Il a donné les Saturnales... E. D.

tient à des manœuvres, il est juste qu'il soit
régi par le caprice des cabotines, la nullité
prétentieuse des cabotins et l'autorité despotique d'imbéciles, sans grammaire et sans
éducation, qui sont directeurs de théâtre
alors qu'ils seraient bons tout au plus à faire
concurrence à Mme Tellier.

Croyez-le bien, si Sarcey est en l'air, c'est
qu'il a des raisons pour ça. Ce qui se passe
est encore plus ridicule que scandaleux. Il
faut qu'un directeur de théâtre soit bête
comme une oie pour croire qu'une bonne pièce
ne vaut pas trois actes stupides appuyés par
le *Figaro*. Les journaux qui jouent ce jeu-là
perdent la confiance de leurs lecteurs sans
réussir à remplir des salles vides. Voilà tout
ce qui peut advenir de pareilles combinaisons.

Il y a certainement d'honnêtes et d'habiles
gens dans tous les mondes, mais il est im-

possible de rencontrer autant d'hommes
ignorant le premier mot de littérature que
dans le monde qui touche au théâtre. Vous
avez vu, dans votre jeunesse, des salles de
premières représentations où se retrouvaient
les poètes, les peintres, les romanciers, les
chroniqueurs et les personnalités célèbres de
de la vie parisienne. Un directeur mettait sa
gloire à réunir le dessus du panier. Maintenant, c'est M. Prével qui attire tous les regards, au milieu d'un entourage de courtiers
d'annonces et de journalistes financiers. Les
directeurs savent si bien qu'ils jouent des igno-
minies qu'ils font un honneur véritable aux
gens de lettres en ne les conviant plus à ces
saturnales de la platitude et de la stupidité...
ou même, simplement, de M. Valabrègue.

Tel est le résultat des quinze ans de travail
de cette bande qui opère dans les coulisses
et que vous essayez vainement de couvrir de
votre nom et de votre esprit.

Tout cela ne durera pas. Les syndics ser-
viront de gendarmes et viendront mettre le
holà ! Un vent de faillite souffle sur les coffres
des caissiers qui s'étaient frotté les mains,
et les directeurs contemplent d'un œil triste
les sept vaches maigres qui succèdent à leurs
vaches grasses. Après le krach, il ne s'est pas
trouvé un seul bandit pour oser entreprendre
un nouveau drainage des vieux bas de laine
du peuple français. Le public parisien s'est
laissé tant de fois tromper qu'il ne donne
plus son argent qu'en connaissance de cause,
et il ne suffit plus de voir, sous le titre d'une
pièce, figurer le nom de M. Prével parmi
ceux des membres du conseil d'administration.

Votre journal et votre personne ne sont
pas mis en question ici. Les affaires des bou-
tiquiers ne sont d'aucun intérêt pour nous ;
il ne faut donc pas que vous soyez surpris si
tout le monde se range du côté de Sarcey et

fait campagne pour débarrasser nos théâtres
des auteurs qui n'y viennent que pour toucher.
des droits.

Il est certain que le puffisme a trop duré.
Ce n'est sans doute pas l'opinion de M. Sardou, qui est un tapageur de premier ordre, et
dont vous avez lu la jolie dépêche, publiée
par M. Prével dans le *Figaro*.

On télégraphie à l'auteur de *Théodora* :

« Est-ce vrai que le drame est mort ? »

Et l'auteur consultant répond non moins
télégraphiquement :

« Je ne trouve pas que le drame soit mort,
encore moins malade, comme le prétend
Dumaine parce qu'il n'a pas d'engagement,
ni que l'art dramatique soit moribond, comme
l'affirme M. de Goncourt parce que *Henriette
Maréchal* n'a pas eu le succès qu'il espérait.
Voilà, jusqu'à nouvel avis, tout ce que j'ai à
vous dire. »

Du moment que Sardou en est arrivé là,

avec son talent et son esprit, les dentistes
n'ont plus qu'à rentrer sous terre. Mais si
c'est par de tels moyens qu'on obtient succès
et réputation au théâtre, avouez que c'est un
triste métier. Nous n'avons pas le pouvoir
d'improviser des Corneille et des Molière, je
le sais ; mais j'ai la folle vanité de croire que
le journalisme et la critique peuvent être
d'un précieux appui pour les jeunes hommes
qui s'essayent sérieusement au théâtre.

Le journaliste qui se sert de son influence
pour faire monter les pièces hâtivement bâ-
clées des camarades qui partagent avec lui
leurs profits ne vaut pas mieux que celui qui
menace de ses foudres le financier coupable
de lui refuser des mensualités.

LES AVEUX D'UN ASSASSIN

L'assassin, c'est M. Albert Millaud. La victime, c'est le théâtre. M. Millaud, moins heureux depuis quelques années sur les scènes boulevardières, nous avoue que ça va décidément très mal et que les belles années de *Niniche* sont loin de nous. Parbleu ! nous le savons fichtre bien. Qui de nous ne l'a pas un peu prédit ? Mais c'était plaider devant des juges qui faisaient les sourds et qui croyaient à leur étoile. Aujourd'hui, tout ce monde qui avait vécu de la scène déchante et se venge en mettant la déconfiture théâtrale sur le dos des ouvreuses, qui sont grossières, et sur le prix des places qui est trop élevé. Je ne nie pas que les places soient trop

chères et les ouvreuses pas assez aimables ;
mais ce sont là des circonstances atténuan-
tes bonnes pour des assassins de mauvaise
foi.

Les débats, à l'audience, ont été des plus
palpitants. La chambrée était superbe. On
voyait sur les bancs du public Mmes Théo,
Judic, Angèle, Montbazon, Ugalde, etc., etc.

Quand le prévenu Millaud fait son entrée,
un frisson parcourt l'assistance. Il s'assied
entre deux escogriffes qui portent le costume des hommes d'armes.

Millaud a le teint frais et l'air assuré. Des
billets de banque sortent de ses poches. Il s'a-
muse à faire sonner une poignée de louis,
qu'il tient dans ses mains réunies en forme
de coupe. C'est Sarcey qui préside les débats. Le critique du *Temps* a eu soin de ne
pas oublier ses petits effets du début. Il se
flanque par terre en croyant s'installer dans
son fauteuil, et il vide la carafe dans sa toque

rouge qu'il feint de prendre pour son verre.
(Quelques Anglaises éclatent de rire.)

SARCEY. — Dis-moi, Albert, comment
t'appelles-tu ?

LE PRÉVENU. — Millaud, Albert, à partir
de minuit.

SARCEY. — Ta profession ?

LE PRÉVENU. — Auteur dramatique et rédacteur au *Figaro*.

SARCEY, *sévèrement*. — Si vous montrez
un tel cynisme dans vos réponses, je serai
obligé de vous faire guillotiner deux fois.

*(A ce moment, le président jette un coup
de jumelles dans la salle et donne l'ordre à
un huissier de faire sortir Mlle Dudlay.)*

LE PRÉVENU. — Vous avez toujours eu la
plaisanterie un peu lourde.

SARCEY. — Voici ce dont il s'agit : la nuit
du 1er septembre, à trois heures du matin,
quelques critiques dramatiques qui sortaient
de chez Brébant trouvèrent sur le trottoir

des Variétés une femme étendue sans vie...

LE PRÉVENU. — Le contraire m'eût étonné.

SARCEY. — Taisez-vous ! Si vous conti-
nuez, vous me mettrez dans la nécessité de
prononcer le huis-clos.

Je poursuis... Cette femme avait été étouf-
fée dans un four qui portait votre marque de
fabrique. Elle avait été belle. Elle avait été
riche. Ses traits accusaient la misère. Ses
splendides parures avaient été remplacées
par d'immondes oripeaux. Cette femme, je
vais vous dire son nom : c'est la Muse de
l'opérette !

LE PRÉVENU. — Ce sont de pures présomp-
tions.

SARCEY. — Si l'amour est myope — comme
moi — la justice n'est pas aveugle. Elle a
lancé sur la piste...

LE PRÉVENU, *prenant son chapeau*. — Si
c'est une affaire de sport, ça regarde Saint-
Albin.

SARCEY. — Ne me coupez pas la parole, vous à qui l'on va couper la tête !

LE PRÉVENU. — Vous comptez sans l'amabilité de M. Grévy.

SARCEY. — Silence! Je disais que la police a lancé sur la piste des meurtriers ses plus fins limiers. Vous êtes l'auteur principal du meurtre, mais vous avez des complices qui se nomment : Burani, Toché, Saint-Albin, Valabrègue, etc., etc... Je ne parle pas de Prével. Les médecins qui l'ont examiné l'ont déclaré innocent.

LE PRÉVENU. — Je voudrais bien savoir comment j'ai pu tuer la Muse de l'opérette.

SARCEY. — Je vais vous l'apprendre... Vous avez organisé une bande connue sous le nom de Syndicat, aussi terrible que les Étrangleurs, aussi hardie que les Cravates vertes. Cette bande s'est installée dans les théâtres et, quand la pauvre opérette demandait de la musique nouvelle, de la fantaisie,

2.

de la gaieté, vous refaisiez dix foix de suite la même pièce, tandis que vos complices la saturaient de refrains ridicules, de couplets insipides et de scènes usées comme M. Ferry.

LE PRÉVENU. — Puisqu'il n'y a que cela qui réussit !...

SARCEY. — Vous calomniez l'esprit français. Vous calomniez votre propre esprit ! Pourquoi avez-vous transformé le théâtre des Variétés en manivelle de boîte à musique ?

LE PRÉVENU. — Je n'en sais rien.

SARCEY. — Pourquoi avez-vous collaboré avec Valabrègue ?

LE PRÉVENU. — Je m'en repens très amèrement.

SARCEY. — On vous a vu causer avec Burani...

LE PRÉVENU. — Il ne m'a pas dit un seul mot.

SARCEY. — Je le sais, — puisqu'il n'en met pas dans ses pièces !

LE PRÉVENU, *impatienté*. — Eh bien, vous
m'embêtez avec vos machines. Et puisque
les autres ont à moitié mangé le morceau, je vais le manger tout à fait. C'est ma
tête que vous voulez... Je vous la donne, et
c'est un fier cadeau que je vous fais là! J'ai
de l'esprit et je tourne très spirituellement le
petit vers. Jeune, j'ai travaillé comme les
autres. J'ai eu du succès et tout le monde
s'est disputé mes pièces. Quand je répon-
dais: « Je n'ai pas le temps! », on me répli-
quait: « Prenez des collaborateurs! Signé
de vous, le public acceptera n'importe
quoi! ». Et c'était vrai... J'ai gagné de l'argent, beaucoup d'argent. J'avais organisé
une usine dans laquelle on pouvait terminer
une pièce en huit jours — partition comprise.
Je pouvais même accepter les commandes de
l'étranger. Tout a une fin. Je comprends
qu'on soit las de nos rengaînes et de nos
vieilleries cousues de fil blanc. Je n'ai qu'un

mot à ajouter pour ma défense : « Tuez Toché, mais laissez-moi vivre... J'ai encore quelque chose dans le ventre ! »

Sarcey. — Cette proposition ne me déplaît pas. Je souhaite qu'elle soit également du goût de M. le chef du jury.

A ce moment, un jeune homme très pâle et vêtu de noir se présente à la barre et demande la parole :

— Votre nom ?

Le jeune homme. — Édouard Rod.

Sarcey. — Votre profession ?

Rod. — Homme navré.

Sarcey. — Que désirez-vous ?

Rod. — Requérir contre cet homme que vous semblez vouloir absoudre.

Sarcey. — Et pourquoi ce dessein féroce ?

Rod. — Parce qu'il est gai et que je suis triste.

Sarcey. — Chacun son goût. Ce n'est pas

sa faute si vous n'avez pas le même tempérament que lui...

Rod. — Eh quoi! Vous ne trouvez pas horrible qu'un écrivain ne soit pas à la mode!...

Sarcey. — La mode est donc d'être triste?

Rod. — D'être lugubre... Pour être « dans le train », il faut aimer les brumes scandinaves, les ténèbres germaniques et les brouillards d'Ossian. Il faut montrer le poing au soleil, hurler aux fleurs dont les nuances sont trop vives, se bassiner de prose de Schopenhauer et se soûler de vers de Shelley. Le comble de l'élégance est de trouver la plaisanterie de Paul Bourget un peu grasse.

Sarcey. — Alors, il y a beaucoup de gens qui partagent vos idées?...

Rod. — Beaucoup.

Sarcey. — Et vous comptez avoir du succès?

Rod. — Nous en avons déjà. Nous recevons des adhésions de tous les points du globe.

Nous sommes les triomphateurs de demain,
car nous étalons au grand jour les faiblesses,
les sottises, les bêtises de l'humanité. Nous
lui prouvons la sottise de ses espoirs, la fragilité de la vie. Nous aboutissons au décou-
ragement absolu et au dégoût universel.
Alors, comment admettez-vous que nous
puissions accepter la grâce de cet homme
qui rit et qui a fait rire les autres ? Le rire est
le commencement de la folie.

SARCEY. — Je ne comprends pas trop votre
doctrine.

ROD. — Ça nous amuse de nous ennuyer !

SARCEY. — C'est bon. Allez vous asseoir.

Les débats s'achèvent. M. Louis Besson
siège au ministère public. A minuit, le jury
prononce son verdict.

M. Albin Valabrègue est condamné à mort,
M. Toché à écrire tous les hivers une pièce
nouvelle pour les Hanlons. Quant à M. Mil-

laud, il est condamné à relire les œuvre d'A-
ristophane et à faire une pension viagère de
300 francs à la veuve de M. Albin Valabrègue
ainsi qu'au directeur du théâtre des Variétés.

LE MAL DU THÉATRE

Bruxelles avance sur Paris. Bruxelles, où nos artistes vont jouer toutes les pièces parisiennes, et souvent même d'inédites, s'est aperçu que le niveau dramatique baissait terriblement depuis quelques années. On sait que le « niveau dramatique » se trouve à la Société des auteurs, rue Hippolyte-Lebas. Je suis donc allé le voir et l'ai je *interwievé*, comme si j'étais rédacteur du *Matin*. Ce procédé anglo-américain m'a permis de constater que le malheureux niveau était véritablement très bas.

Les Belges aiment le théâtre; et ils ont raison. Le voyant malade, ils ont appelé un médecin, un jeune lauréat de l'Odéon et du Palais-Royal : M. Abraham Dreyfus.

Aussitôt la dépêche reçue, Abraham Dreyfus a fait sa malle.

— Docteur ! docteur ! lui a-t-on crié de tous les côtés à la fois, au moment même où il descendait de wagon, ce pauvre théâtre est désespéré... Il faut que vous nous le sauviez à tout prix !

Dreyfus répondit :

— Mais, moi, je ne demande pas mieux !

Pourquoi le Théâtre meurt-il ?

Parce qu'il n'y a pas de bonnes pièces.

Pourquoi n'y a-t-il pas de bonnes pièces ?

Parce qu'on ne sait plus les faire.

Voilà ce que pense Dreyfus, qui est un des esprits les plus logiques et les plus vifs que je connaisse. Sa conclusion fut donc vite trouvée :

— Si je découvre le moyen de faire de bonnes

pièces, se dit-il, mon malade est sauvé, et la Belgique m'élève une statue. Je tiens à sauver le théâtre. Je tiens à avoir une statue — quand ce ne serait que pour ma famille ! — et je ne vois pas d'autre parti à prendre que de m'adresser aux meilleurs auteurs dramatiques et de leur demander conseil. Ceux qui ont fait de bonnes pièces doivent savoir comment ils y sont arrivés.

Aussitôt, Dreyfus courut chez les uns, écrivit aux autres, et ce fut une consultation *in extremis* dans toutes les règles.

Il en advint ce qu'il devait. Personne n'a de recette. Il n'y a pas de méthode. Sardou a dit le mot juste : Chacun suit son tempérament.

Dreyfus est volé. Le Théâtre râle toujours sur ses planches de médiocrité ; et l'auteur du Klephte n'a pas su gagner sa statue.

Toute cette histoire a fait du bruit. Les journaux ont reproduit les consultations des princes de la science. Henry Becque, dans le *Matin*, s'est amusé à chatouiller de sa meilleure plume les termes de la lettre de Zola.

Voici le passage le plus marquant de cette lettre :

« Avez-vous remarqué le petit nombre d'écrivains nouveaux qui se risquent sur les planches ? C'est que vraiment, pour une génération de libres artistes, le théâtre est rebutant avec sa cuisine, ses entraves, son besoin de succès immédiat et brutal, l'armée de collaborateurs qu'on y doit subir, depuis le premier grand rôle jusqu'au souffleur. Combien nous sommes plus indépendants dans le roman ! Et voilà pourquoi, même lorsque la fièvre perverse de la rampe nous galope, nous préférons la tuer par l'abstinence et rester

les maîtres absolus de nos manœuvres. On
nous demande trop de soumission. Ajoutez
que, pour mon compte, je me suis attelé à
un ensemble de romans qui prendra vingt-
cinq années de ma vie. Le théâtre est une débauche que je ne pourrai sans doute me permettre que très vieux. »

Il y a ici une rencontre très curieuse : la
lettre de Zola redit, presque mot pour mot,
ce que notre brillant confrère Aurélien Scholl
écrivait au moment où il songeait à prendre
la direction de l'Odéon.

Où trouverez-vous des pièces ? demanda-
t-on à Scholl.

— Parbleu ! répondit-il fièrement, si je ne
trouve pas les pièces qu'il me faut, je les ferai
faire ! Pourquoi tel poète, qui connaît merveilleusement la facture du vers ne m'écri-

rait-il pas un beau drame! Pourquoi tel jeune romancier, au style alerte, à l'observation comique et fine, n'enlèverait-il pas avec belle humeur une comédie qui aurait cent représentations ?

Il avait entièrement raison ; et il avait trouvé le seul moyen pratique et hardi de relever le théâtre.

Si Abraham Dreyfus et Henry Becque avaient poussé plus loin la question, ils seraient arrivés, sans aucun doute, à la solution. Ils auraient reconnu que, si l'on ne fait plus de bonnes pièces, c'est qu'il n'y a plus de petits théâtres pour débuter et que, dans les grands, nous passons par une crise singulièrement prolongée.

Quoique n'étant pas médecin, je demanderai à Becque de vouloir bien examiner avec moi le moribond. Je crois ne pas me tromper en soutenant qu'il souffre d'une *Koningine* chronique, d'une *Brietite* aiguë et d'une *Derembourgie* cutanée.

Ce sont les directeurs qui ont tué le théâtre en épuisant les succès sans penser à l'avenir.

Augier, Dumas et Feuillet se modèrent, Sardou donne une pièce par an. Labiche a renoncé aux fauteuils d'orchestre pour son fauteuil de l'Académie française. Halévy semble avoir définitivement abandonné le théâtre. La poule aux œufs d'or est tuée !

Tous les œufs qu'elle a pondus ont été vendus. Il n'en reste plus à faire couver pour la saison prochaine. Tirant la langue, réduits aux expédients, les directeurs reprennent *Les Petites Mains*, la *Dame aux Camélias*, les *Deux Orphelines*, le *Courrier de Lyon*, le *Tour du Monde*. Et ils lèvent les bras au ciel ! Et ils crient d'une voix navrée qu'on ne leur apporte plus rien !

Mais non ! On ne leur apporte plus rien —
parce qu'ils ne voulaient rien entendre au
beau moment de leur triomphe, parce que
les grosses recettes les ont rendus insolents,
autant que des laquais qui se croient de l'importance, dès qu'ils ont une livrée dorée sur
le dos. Ils ont lassé, désespéré, vaincu, pendant quinze années consécutives, tous ceux
qui s'estimaient heureux, tant qu'il leur restait
une plume, une bouteille d'encre à quatre
sous et quelques feuillets de papier blanc.

Voici pourtant Becque et Dreyfus, qui ne
sont pas les premiers venus. Combien de
fois les a-t-on joués ? Voici Montégut qui,
prenant la plume du journaliste, a conté aux
lecteurs de l'Écho de Paris ses doléances de
poète dramatique, avec une grâce souriante,
où se mêlait quelque amertume. Ce sont des
exemples que je donne. Ce sont des noms que

je produis. Il y en a d'autres, d'ailleurs, qui
pour être moins marquants, n'ont pas moins
de force pour appuyer la thèse que je soutiens
ici.

Cette thèse que Zola, par un hasard dont il
ne se doute guère, reprend quelques années
après Scholl, j'engage Henri Becque à bien
vouloir l'examiner avec attention.

Oui, c'est la cuisine du théâtre, avec ses
dédits, ses tripotages de collaboration, ses
traités qui livrent entièrement une scène à
quelques auteurs connus, les procédés louches
et blessants des directeurs, oui, c'est cette
cuisine qui décourage les uns et paralyse les
autres.

Et puisque Dreyfus et Becque font de la
médecine dramatique, je ne leur demanderai
pas comment on fait une bonne pièce, pas
plus que je n'aurais demandé à Villemot com-

ment il faisait ses chroniques, ou à Flaubert comment il écrivait ses romans.

Non ! je leur demanderai simplement s'il y a un moyen de guérir la Koningine, et s'il y a un remède à la Derembourgie.

Un journal n'a pas de bons articles s'il n'a pas un directeur habile. Un théâtre ne joue pas de bonnes pièces, si l'homme qui le dirige est incapable de juger ce qu'on lui soumet.

Est-ce votre avis, mon cher Dreyfus? Est-ce le vôtre, mon cher Becque? Je le crois très fermement.

Mais, ce que peut crier sur les toits un journaliste indépendant, pouvez-vous le crier aussi, vous qui êtes orfèvres, Messieurs Josse?

3.

LE THÉATRE FRANÇAIS ET LES AUTRES

M. Alexandre Dumas n'est pas un char-
meur, mais un lutteur. Il est de ceux qui
prennent les femmes par la violence, de ceux
qui prennent les âmes par la force. S'il est
vainqueur, le carnage est complet. Le théâtre
n'est pas pour lui un endroit où l'on amuse
simplement son prochain, c'est un champ de
bataille sur lequel on charge le mensonge et
l'hypocrisie. Aussi les succès de M. Dumas
ont-ils de temps à autre une sorte d'indécision
et le vainqueur couche-t-il parfois sur ses
positions, sans avoir entamé l'ennemi, mais
sans s'être laissé entamer. C'est un Murat de
l'art dramatique, un Murat furieux quand il
n'a pas vaincu, plus furieux encore quand on

a marqué les coups. Dumas a vaincu cette fois avec *Francillon*, et c'est tant mieux, car il est un de nos derniers artistes dramatiques, car il est un des derniers qui vibrent, croient, raillent ou pleurent... un des derniers qui pensent surtout ! Il est une des plus solides colonnes de cette Comédie française où tout était à refaire après la direction Perrin qui faisait de si belles recettes et de si mauvaise besogne, où M. Claretie trouve des auteurs, monte des pièces et fait d'excellentes affaires sans Delaunay, le bouton de rose du mardi, sans Coquelin, dit l'Important. Ah ! comme ils ont bien fait, tous deux, de rendre, l'un, son sourire et l'autre sa cape rayée ! Il obstruaient : la place est libre. La voie est ouverte aux jeunes auteurs et aux jeunes comédiens.

Notez que je ne vais pas trop loin. Ce n'est pas moi qui dirai à M. Jules Claretie — qui sait encore mieux que moi ce qu'est la maison de Molière — de faire de notre premier théâtre une scène d'essai.

Non ! Mais M. Perrin avait fait de l'endroit un lieu solennel et consacré où l'on ne recevait qu'à correction, à moins qu'on ne montrât patte blanche. Or, sans ouvrir à deux battants la Comédie, il est bon de prouver qu'elle n'est pas inaccessible. Si les grands théâtres ne trouvent plus d'auteurs, si l'on n'écrit plus de comédies vibrantes, d'œuvres amères, soit de colère, soit de raillerie, croyez-le bien, c'est que M. Perrin fut un monarque invisible, c'est que M. Koning et M. Deslandes sont de très fiers potentats. S'ils ont l'orgueil de leur situation, le jeune auteur n'a-t-il point la pudeur de son talent ?

Si je parle de M. Koning et de M. Deslandes, c'est à dessein. Je devrais ajouter à

leurs noms ceux de MM. Briet et Delcroix,
celui de M. Bertrand qui a partagé la cou-
ronne des Variétés avec Baron. Ces messieurs, tout comme M. Perrin, avaient transformé leur cabinet en un sanctuaire. Il était
difficile même d'y pénétrer ! J'ai été dans
les meilleurs termes avec un de mes confrères, quand il s'essayait dans le journalisme. Le jour où il s'intronisa dans son
théâtre, l'amitié fut finie. Mon ex-confrère
avait changé son fauteuil directorial en per-
choir.

Je cite ce fait, et sans la moindre rancune,
simplement parce qu'il contient un enseignement. Le directeur parisien se croit d'une
essence divine. Il vous donne ses planches
comme l'empereur donnait des croix. Un
jeune homme se présente au Gymnase. On
lui répond : « C'est ici qu'on a joué la *Dame*
et *Froufrou !* » Et M. Deslandes, sévèrement:
« Ce fut la maison de Sardou, monsieur ! »

Certes, je comprends qu'on ait l'orgueil de
sa maison, et que l'ayant rendue grande et
prospère l'on tienne toujours à son renom.
Mais la jeunesse est plus un attrait qu'un
crime. Elle est faite pour exciter la hardiesse
d'un directeur friand de batailles.

Le nom n'est que peu de chose dans un
succès, et je voudrais qu'un de ces messieurs
eût le courage de dire : « Puisqu'il est d'u-
sage de ne pas mettre le nom de l'auteur sur
l'affiche d'un théâtre, le soir de la première,
je veux que les manuscrits qu'on m'envoie ne
soient pas signés. Je ne jugerai l'œuvre qui
m'est soumise que sur son mérite ». Nous
aurions peut-être moins de fours à constater.

Le théâtre est devenu un plaisir de moins
en moins aristocratique. On a remarqué que la
chambrée de la première de *Francillon* était
merveilleuse. Cela s'explique. Le public est
nerveux et inquiet. Il paye très cher et il est

assez mal servi. Il ne se décide plus guère
que sur de très gros succès. Il lui faut des
noms tels que ceux de Dumas ou d'Augier
pour que sa vieille passion s'éveille.
MM. Feuillet et Pailleron ont leur élégante coterie. Quant à M. Sardou, ses exhibitions
l'ont rendu suspect. Avec lui, on attend avant
de couvrir d'or M. Duquesnel.

En fait d'auteurs, d'ailleurs, il ne nous
reste guère que des faiseurs de vaudeville,
des brocheurs d'opérette, travaillant avec un
journaliste de théâtre. Mais la comédie se
meurt... Enlevez-nous Gondinet, Meilhac et
Becque, nous voilà en plein désert. Et pourquoi la comédie ne reviendrait-elle pas à la
vie, à la gloire ? N'a-t-elle donc plus sa place
dans le cadre joyeux des Variétés et du Palais-Royal ? N'a-t-elle pas un cadre plus
large au Gymnase et au Vaudeville ? Et ne
dites pas que la sève en est tarie, car les
mœurs ne sont ni plus pures ni plus simples,

car les hommes ne sont pas devenus meilleurs, car les abus n'ont pas été corrigés. Le
fer chaud peut brûler encore, l'esprit toujours
égratigner. Et ce n'est pas l'audace qui manque en une époque où il est permis de tout
dire, de tout oser !

On ne détruit pas le génie littéraire d'une
nation, On lit et on écrit plus que jamais en
France. Le journal et la librairie ont entamé
la lutte contre le théâtre et c'est dans les
feuilles quotidiennes et dans les livres que
s'est réfugiée la pensée libre et radieuse.
Elle serait longue à dresser, la liste des jeunes gens qui se sont fait connaître depuis
1870 et qui n'ont jamais tourné un regard
ambitieux vers le théâtre.

Et pourquoi? C'est parce que l'on voyait
les camarades obtenir difficilement des au-

diences, plus rarement encore des promesses fragiles qui, le plus souvent, n'étaient pas tenues. Le jeune homme « qui fait du théâtre » errait parmi nous comme une ombre. Il avait des rendez-vous à tout heure du jour et de la nuit chez des directeurs qu'il ne trouvait pas. Il obtenait une lecture chez une grande comédienne et tombait dans une conférence avec la couturière et la modiste. Soudain, le jeune homme qui fait du théâtre s'illuminait. Il avait une pièce reçue par une nouvelle direction qui allait prendre un grand théâtre. Huit jours après, le malheureux retombait dans le marasme. La combinaison avait échoué !

Et pendant qu'il promenait son infortune à travers la ville, les journaux criaient tous les matins : « Il faut jouer des jeunes ! » aux directeurs, qui répondaient : « Nous voudrions bien les jouer, vos jeunes... Pourquoi ne nous apportent-ils rien ? »

Cette comédie est absurde et ne dupe personne. Les directeurs y ont perdu. Ils ont voulu se faire un trône. Ils ont créé la solitude autour d'eux et dans leurs salles. Leur satrapie n'est qu'une illusion. Ils peuvent blaguer le public, l'entasser odieusement, braver le bon sens ; mais c'est le public qui reste victorieux à l'heure où l'on compte la recette. Je sais un de ces hommes pressés qui, le jour où on lui annoncera la visite du syndic, sera de taille à répondre à son huissier (celui du théâtre) : « Je n'ai pas le temps. Faites attendre ! »

Il ne m'a jamais été possible de discerner la cause de la supériorité d'un directeur de théâtre sur un auteur dramatique, même inconnu. S'il est inconnu, c'est une raison de plus pour le recevoir avec bienveillance, au lieu de lui prouver qu'à sa gaucherie et à sa

timidité on a vu tout de suite qu'il était un
serin. Le jour où Victor Hugo entra pour
la première fois chez un éditeur, celui-ci ne
voulut même pas jeter un coup d'œil sur son
manuscrit :

— Vous avez tort, lui répondit simplement
Victor Hugo.

On n'a pas toujours cette confiance en soi,
qui ne serait certes pas une preuve de talent :
mais, quand on a peiné sur une œuvre, qu'on
en a fait sa vie, son but, il est dur de se
voir passer sur le corps par de vieux rou-
tiers, sceptiques et tout en clichés, qui tombent avec leurs pièces bien faites et leurs
noms connus, tandis que l'huissier du théâtre, ironique, protecteur même les soirs où
il y a 33 francs de location, vous répond ré-
gulièrement : « M. le directeur n'y est pas ! »

Francillon est la réponse à tout cela,
Francillon est l'œuvre d'un homme qui est
toujours demeuré le fervent de son art ;

l'œuvre jouée devant un public d'exception
sur un théâtre de tradition, chaleureusement
acclamée par les bravos des gens de goût.
C'est la leçon donnée à ceux qui composent
leur spectacle de bric et de broc, sans
troupe constituée, avec des étoiles de passage, avec des pièces arrachées feuille à
feuille aux mains d'un écrivain à la mode.

Comparez la gestion littéraire et digne de
M. Claretie à celle de ses rivaux non subventionnés. Lui marche. Lui marche toujours
vers le même but, tandis que ses voisins,
errant de la farce au drame moderne, de la
comédie de mœurs à la pantalonnade, suivent péniblement leur carrière avec de cruelles oscillations. La finasserie n'est pas toujours très logique, mais le travail et la
persévérance (ô Montigny !) sont tellement
vieux jeu que je n'ose en parler ici, de peur
d'être violemment conspué par les esprits
vraiment modernes.

LES THÉATRES QUI NE COMPTENT PAS

Je resterai longtemps sur la brèche pour défendre la fortune et la vie du théâtre. Nos aînés dans la critique se laissent aller à l'indulgence à l'égard de leurs contemporains et de leurs amis; mais, à côté des critiques d'hier, il y a les critiques d'aujourd'hui, Bauër, Durranc, Dubrujeaud, Serizier, Gramont, qui soutiennent la lutte et dont les théories méritent d'être propagées et discutées. Ce n'est point seulement contre les directeurs que nous avons maintenant à soutenir les jeunes, c'est également contre leurs anciens qui viennent de les répudier.

Sous l'effet d'un sentiment qu'il est impossible d'expliquer, la Société des auteurs vient

de mettre à l'index plusieurs théâtres de second ordre dont voici la liste : Beaumarchais,
Château-d'Eau, Cluny, Déjazet, les Menus-
Plaisirs. Le comité de la Société des auteurs
nous doit des explications à ce sujet. S'il ne
nous les fournit pas, ce refus sera l'équiva-
lent des aveux les plus formels. Lorsque la
Société des gens de lettres repoussa la demande de M. Harry Alis, sous prétexte que
ses tendances littéraires n'étaient point d'accord avec celles de M. Fortuné du Boisgobey,
il y eut dans la presse un formidable *tolle*.
Les protestations s'élèveront aussi violentes
contre la Société des auteurs si elle s'obstine
à créer entre les théâtres une distinction qui
n'a rien d'artistique ni de littéraire.

Il est évident que les théâtres mis à l'index
ne valent pas le Gymnase et le Vaudeville ;
mais croyez-vous une seconde que les jeunes
gens qui se font recevoir à grand'peine à
Cluny, à Déjazet, aux Menus-Plaisirs, n'ai-

meraient pas cent fois mieux être joués sur
des scènes où ils trouveraient à la fois plus
d'honneur et de profit ?

Pensez-vous que M. Léon Gandillot, qui
a obtenu avec ses *Femmes collantes* deux
cents représentations, malgré une interprétation ridicule, n'aurait pas mieux aimé donner sa pièce au Palais-Royal — qui fait four
sur four — que d'aller allonger cinq beaux
billets de mille francs au directeur de Déjazet, s'il faut ajouter foi à la version du journal *l'Alceste* [1] ?

Me direz-vous que Grenet-Dancour n'aurait pas préféré ce même Palais-Royal à
Cluny, alors qu'il essayait de caser *Trois
femmes pour un mari* ?

Alors, de quel droit la Société des auteurs
vient-elle nous dire que le succès sur certaines scènes n'assure pas les mêmes droits que

[1]. M. Gandillot n'ayant jamais démenti ce fait, on doit
supposer qu'il est exact. E. D.

des fours retentissants sur certaines autres?

Le Palais-Royal fait des reprises tous les huit jours. Les Nouveautés changent leur affiche deux fois par mois. Un monsieur qui sera sifflé chez Brasseur aura néanmoins le droit d'être membre de la Société des auteurs, tandis qu'un jeune homme, applaudi cent fois de suite au Château-d'Eau, sera relégué au simple rang de stagiaire. Ce serait de la démence, si ce n'était point quelque chose de beaucoup plus laid.

Nous savions déjà depuis longtemps que certains vieux auteurs se syndiquaient pour accaparer quelques-unes de nos meilleures scènes. C'était déjà monstrueux. Mais nous n'aurions pu supposer un instant que cette cupidité arriverait à écarter d'une association mutuelle les jeunes gens que l'on avait déjà écartés de nos principaux théâtres.

Dans cette proscription de plusieurs théâtres, on ne frappe pas les directeurs. La

mesure prise par la Société n'atteint en effet
que les jeunes auteurs, qu'elle ne lèse d'ailleurs que dans leurs intérêts. Vous comprenez que les jeunes dramaturges repoussés
avec perte par les fortes têtes à la Duquesnel
iront tout de même au Château-d'Eau et que
les vaudevillistes de vingt-cinq ans, éconduits
sur toute la ligne, porteront d'un cœur léger
leurs manuscrits à Cluny. C'est un fait acquis
à l'avance.

Le public n'y fera non plus aucune différence. Quand il aura applaudi une bonne
pièce, il lui sera parfaitement égal de savoir
qu'elle a été jouée sur un théâtre non classé.

Si l'on admet cette ridicule méthode de
raisonnement, les directeurs de ces théâtres
doivent perdre leur rang de directeur, et
leurs acteurs devront être exilés de la Société
fondée par le baron Taylor, avec défense de
porter le nom d'artiste dramatique. C'est la
peine que le vieux répertoire avait infligée à

l'infortuné Pietro, relégué dans une île déserte.

L'attitude de la Société des auteurs dramatiques est d'autant plus idiote que les théâtres
non classés ont repris des pièces de ses membres les plus influents.

Je ne puis supposer cependant que l'on ait
voulu infliger un blâme à M. Eugène Labiche
pour s'être galvaudé dans un bouiboui en
autorisant Cluny à reprendre son répertoire.

Le succès de ce répertoire prouve en effet
la supériorité des spectateurs de Cluny, qui
veulent bien payer pour voir de vieilles comédies de Labiche et qui s'entêtent à ne pas
donner 8 ou 9 francs dans un théâtre classé
où on leur servira une stupidité de premier
choix.

M. Émile Blavet a fait dans le *Figaro* un
excellent article à ce sujet. La moutarde ayant

monté au nez de notre confrère, il a affirmé
qu'il en aurait long à dire sur la question des
levers de rideau dans les théâtres qui comptent pour la Société des auteurs. Si Blavet
ne mange pas le morceau, il pourra s'en
trouver un autre plus bavard et plus cour-
roucé ; car nous savons tous ce que veut dire
le rédacteur du *Figaro*, et son secret est devenu, rue Milton, le secret de Polichinelle.
Mais les gros bonnets qui ont le courage de
foncer sur Déjazet et de persécuter Bobino
n'ont plus du tout le même courage lorsqu'ils
se trouvent en face de seigneurs de plus
grosse importance.

Il est véritablement inouï que les gens de
théâtre ne puissent s'empêcher de créer des
questions de boutique dans une affaire où il
ne devait y avoir qu'une question de conscience. Ouvrez un programme de spectacle :
vous verrez quatre ou cinq noms revenir sur
toutes les affiches avec des pièces tellement

mal bâties et si déplorablement écrites que les gens les plus naïfs s'y décrochent d'ennui la mâchoire.

Avec tout ce métier, tout cet enchevêtrement de collaborations étranges et d'associations mystérieuses, d'où les directeurs croient toujours tirer leur épingle du jeu, ces forçats de la rampe n'arrivent pas à faire fortune en se donnant un mal énorme pour nous faire accepter des collections de pauvretés qui ne méritent pas même l'honneur d'une discussion. C'est une consolation de savoir que M. Emile Augier et M. Alexandre Dumas ont acquis des monceaux d'or en faisant honnêtement leur métier, tandis que les farceurs qui exercent la profession de « quart d'auteur » n'arrivent le plus souvent qu'à une débine aussi méritée que peu intéressante.

Si les directeurs de nos théâtres « qui comptent» n'étaient pas entêtés comme des mules, il y a longtemps qu'ils pratiqueraient simple-

ment et loyalement leur métier et qu'ils se
cantonneraient dans cette méthode tout à fait
bourgeoise : Je joue cette pièce parce que je
la juge bonne, et je refuse cette autre parce
que je n'éprouve pas le besoin de m'exposer
à un four de premier ordre.

On leur demande trop en leur demandant
cela. Ils exploitent les jeunes quand ils ne se
contentent pas de les faire poser, et les jeunes
en seront réduits à faire comme M. André
Corneau qui sentant à l'avance l'accueil
qu'on ferait à sa *Belle Petite* s'est contenté de
la faire représenter sur la scène d'un de nos
cercles parisiens, où il a obtenu un succès
très vif. Ceux qui n'ont pas de nom au théâtre
devront se résoudre à ne compter que sur
leur initiative.

Les pachas du comité de la Société des auteurs, ne trouvant pas la situation faite aux
jeunes gens assez dure encore, viennent de
chercher à les atteindre dans la considération

4.

des théâtres qui les accueillaient de temps
en temps. Cela ne ridiculisera nullement les
jeunes gens, mais la Société des auteurs ne
gagnera rien au rôle odieux qu'elle a joué en
prétendant frapper les faibles. Ça ne fera pas
produire à ses membres de meilleures pièces.
Les recettes n'en grossiront pas davantage.
Le public y trouvera simplement la preuve
d'un injustifiable dédain et d'un manque total
d'esprit de bonne confraternité.

LA CONFESSION DE M. SARDOU

Après avoir lu les comptes rendus de la critique quotidienne, M. Sardou a tenté d'amadouer le lundisme et il est allé visiter Sarcey. Entré dans le monument de la rue de Douai à une heure matinale, l'auteur du du *Crocodile* y était encore au moment où les allumeurs de reverbères chassent les ténèbres de la ville. M. Sardou a fait des aveux complets. Sarcey, qui n'aime pas beaucoup M. Taylor, s'est contenté de les communiquer à la foule.

M. Victorien Sardou a déclaré tout d'abord que le *Crocodile* n'avait mécontenté la critique que par suite d'un malentendu.

Qu'est-ce que s'était dit le public ? Il avait

tout de suite pensé : Sardou est académicien : Sardou a fait une trentaine d'œuvres importantes ; il est l'auteur de la *Famille Benoiton*, de *Patrie !* de *Divorçons*, de *Rabagas*, de *Theodora*. On a mis à sa disposition un vaste théâtre, une troupe excellente, des décorateurs de premier ordre et toutes les facilités possibles pour mettre en mouvement une figuration nombreuse et richement costumée. Nous allons donc avoir ou une grande comédie ou un drame puissant, quelque chose enfin qui soit en rapport et avec le nom de l'écrivain et avec la prodigalité bien connue du directeur. On penchait plutôt pour la comédie ; on s'attendait à voir un pendant comique à *Théodora*.

Eh bien, c'était là une idée préconçue. M. Victorien Sardou n'avait jamais songé qu'à écrire une pièce destinée aux enfants. *Sinite parvulos venire ad me !* s'était dit en lui-même le malin auteur du Crocodile.

M. Sardou ne se fâchera pas si je lui ouvre mon cœur: je ne crois pas un traître
mot de cette tardive confession.

Si son but avait été tel, il nous l'aurait
vraisemblablement fait savoir. Il est l'homme-
réclame par excellence. Il fait parler de ses
pièces six semaines à l'avance, — ce qui est
d'ailleurs désastreux. Il laisse décrire les décors et les costumes avec une complaisante
profusion de détails. Le lieu de l'action n'est
un mystère pour personne. Longtemps avant
la première, toutes les feuilles nous avaient
appris sans plus de mystère que le *Crocodile*
était le nom du paquebot sur lequel s'engageait l'action. On nous avait raconté à l'a-
vance le naufrage et l'île déserte. Tout était
défloré et défraîchi, et j'avoue que les racontars et les indiscrétions convenues et auto-
risées donnaient tout lieu de craindre que la
nouvelle pièce ne fût assez confuse et décou-
sue.

Mais, puisque M. Sardou nous a raconté ou laissé raconter tant de choses inutiles, je me permettrai de lui demander pourquoi il a oublié à dessein d'éclairer sa lanterne, pourquoi il ne nous a pas révélé de prime abord que le *Crocodile* était écrit pour les enfants !

Écrire pour les enfants ce n'est pas un déshonneur, que je sache. Bossuet et Fénelon n'ont point rougi de le faire. Si l'*Histoire universelle* n'existe plus au point de vue de l'exactitude et de la vérité, elle est restée une des gloires littéraires de Bossuet, et les enfants lisent encore avec passion les *Aventures de Télémaque*. De nos jours, les plus grands esprits ont produit des ouvrages qui s'adressent à l'enfance et à la jeunesse. About, Sandeau, Dumas, Mme Sand ont

laissé des volumes qu'on retrouve dans toutes
les familles. Stahl, avec une note toute personnelle, s'est consacré aux bébés. Et les
albums de Tœpfer, et les illustrations de
Kate Greenaway, de Boutet de Monvel ! Et
les jolis romans enfantins de M. Desbeaux !
Tout cela n'est-il point de l'art ?

M. Sardou était donc dans son droit d'auteur célèbre et d'académicien en écrivant une
pièce à l'usage de la jeunesse. Que ne nous
a-t-il pas prévenus, alors que rien ne lui
était plus aisé ! La critique aurait formulé
son jugement sans détour sur la question
ainsi posée.

Mécontent de lui sans doute, M. Sardou
s'est montré mécontent des autres. Il accuse
Daudet et Theuriet, qui cette année ont écrit
pour les enfants. Il leur reproche de n'avoir
pas été trahis comme lui, incompris comme
lui. Mais ce n'est point cela du tout ! Les
éditeurs de ces messieurs ont pris soin d'a-

vertir le public dans les notes bibliographi-
ques des journaux, au cas où le format et la
couverture de ces ouvrages ne l'auraient pas
mis suffisamment en garde. « Eh bien oui,
c'est du Berquin ! s'écrie Sardou dans le cabinet de Sarcey. Mais si j'ai voulu justement faire une berquinade ! » Certes, c'était
le droit de l'auteur ; il devait seulement
nous dire sur l'affiche que le *Crocodile* en
était une. Et il faut croire que cette berquinade était d'un genre très particulier, puisque tout le monde s'y est trompé.

M. Sardou gémit de la bonne fortune des
autres. La chance de M. Adolphe d'Ennery
lui semble insolente, car le *Tour du monde*
ne valait pas mieux que le *Crocodile*. Ça,
c'est très vrai ! Seulement, ni Verne ni d'Ennery ne nous avaient pris à l'improviste.

Certes, c'était une heureuse idée d'écrire franchement, loyalement, sans arrière-pensée une pièce pour les enfants. Je vois les livres qu'ils lisent. Je me souviens de ceux que j'ai lus. A part quelques exceptions, ce petit public est bien peu gâté. Les éditeurs se soucient plus de la sauce que du poisson, du cadre que de l'idée fondamentale, et c'est la même chose au théâtre. Les décorateurs et les costumiers, les relieurs et les illustrateurs tirent à eux toute la couverture, et l'accessoire devient le principal.

Au lieu de s'adresser sans cesse à des auteurs qui travaillent par routine et avec ennui, je voudrais qu'on s'adressât à des penseurs, des philosophes, des poètes, des moralistes qui écrivissent, dans la langue la plus riche, des histoires destinées à se graver dans le cœur des petits enfants. Je voudrais surtout qu'on écartât d'eux tout mensonge et toute inexactitude. Je sais des pères, nourris de fortes études scientifiques, qui bannissent impitoyablement de leur foyer les voyages imaginaires de Verne et les ouvrages de Louis Figuier. Combien valent mieux les relations de voyages exactes telles que celles d'un Stanley ou d'un Brazza pour ces intelligences ouvertes et crédules !

Une tentative sérieuse de M. Sardou dans ce genre eût été fort curieuse et fort sympathique, encore que l'auteur de *Patrie* ne soit pas en âge de se retirer de la mêlée et de déserter la lutte. Mais le *Crocodile* semble avoir des visées doubles, et je crains fort pour lui que ce ne soit la duplicité de son auteur qui ne le perde... ou l'ait perdu.

A côté de Sardou il y a un autre coupable, du reste, et celui-là c'est M. Duquesnel.

On le dit homme d'esprit et cela se peut.
J'avoue à ma honte que je ne connais point —
même de vue — ce célèbre directeur. Je vois
néanmoins que M. Duquesnel refait à la
Porte-Saint-Martin ce qu'il fit jadis à l'Odéon.
Cogner sur le Duquesnel, quand nous avions
vingt ans, était notre joie la plus pure dans
nos petits journaux littéraires. Nous lui di-
sions ses vérités et il ne les lisait pas. Un jour
vint où il fut tout de même obligé de quitter
l'Odéon, dont il avait voulu faire le chenil du
Roi-Soleil. Pour peu qu'il eût continué, il lui
eût fallu un « piqueux » pour régisseur de la
scène. Ce soir-là, nous brûlâmes des punchs
de joie. Quelques jours après, nous déchan-
tions tous... C'était M. de La Rounat qui le
remplaçait, alors que nous réclamions Scholl.

A l'Odéon, M. Duquesnel avait un cahier
des charges ; il ne relève que de lui-même à
la Porte-Saint-Martin, et cela se voit. Il s'a-
bandonne à sa passion pour la mise en scène

et à sa soif de spéculation. Il risque toute sa
saison sur une pièce et sur un nom. Il prépare des tournées et dispose ses engins pour
drainer l'or par tous les moyens. Cette fois,
ces moyens étaient cousus de fil trop blanc ;
on a regimbé. C'est que les spéculations de
M. Duquesnel nous laissent froids. Qu'il
fasse fortune, nous le voulons bien, mais à
condition de nous amuser. Sarcey, après
avoir laissé M. Sardou se défendre très lon-
guement, nous déclare tout *de go* que le
Crocodile est un chef-d'œuvre comme pièce
pour l'exportation. Cela veut dire que le *Croco-*
dile, joué par une étoile ou deux, avec sa ri-
chesse de décors, son luxe de costumes, aura
un succès considérable devant tous les publics
qui ne comprennent pas un mot de français.

Et comme M. Sardou passe pour un malin,
comme M. Duquesnel a la réputation d'un
homme d'affaires de premier ordre, je ne ca-
cherai pas que les révélations de M. Sardou

me semblent plus pénibles que couleuvres à
avaler au lendemain d'une première des
plus houleuses. Marie-Antoinette en appe-
lait à toutes les mères, M. Sardou en appelle
à tous les bébés. Pourquoi M. Duquesnel
n'a-t-il pas convié les enfants de la critique
à la répétition générale? Ces garçons et ces
fillettes nous auraient enlevé toute incertitude, tandis que, malgré les « derniers détails » donnés par Sarcey, nous continuons
à nous fourvoyer dans les ténèbres les plus
épaisses.

S'il y avait à tirer une moralité de cette
aventure, elle serait au profit de M. Duquesnel, qui possède le premier théâtre de drame
de Paris, quelques artistes aimés et qui, au
lieu de batailler pour la pensée, pour l'art,
risque chaque hiver une grosse fortune sur des
cartonnages et des costumes qui devront em-
baller Boston et Chicago, Vienne et Londres,
après avoir ébloui Paris.

LES SPHINX DE MARLY

« L'AFFAIRE DE LA TOSCA »

M. Ernest Daudet a communiqué à notre confrère Aderer, du *Temps*, la lettre suivante :

Paris, 14 septembre.

Mon cher Sardou,

Les journaux ont annoncé que la pièce que vous venez d'écrire pour le théâtre de la Porte-Saint-Martin se passe à Rome, le lendemain de la bataille de Marengo, et qu'elle a pour principale héroïne une chanteuse : la *Tosca*. Je crois devoir vous faire connaître que j'ai écrit, voici quatre ans, en collaboration avec mon ami Gilbert-Augustin Thierry un grand drame qui se passe à Paris, le lendemain de la bataille de Marengo et qui a pour principale héroïne une chanteuse : la *Saint-Aubin*.

Nos études antérieures sur l'émigration, le consulat et l'empire, nous avaient suggéré l'idée de mettre au théâtre une des conspirations royalistes de cette époque, toutes si tragiques dans leur conception, leurs péripéties et leurs effets. Nous avions choisi l'une des moins connues, celle qui allait livrer Paris à quelques centaines de chouans quand la victoire de Marengo la fit brusquement avorter. Autour de cette action, nous avions reconstitué, sous des noms d'emprunt, les physionomies de la Saint-Huberti, de Hoche et de Cadoudal.

Vous savez, mon cher Sardou, en quelle défiance sont tenus par les directeurs les écrivains qui n'ont jamais abordé le théâtre. Bonne ou mauvaise, notre pièce n'a pu encore être jouée. Mais elle a été lue à diverses personnes et notamment, il y a trois ans, à

Mme Sarah Bernhardt. Plus récemment, en mai 1886, j'en ai esquissé à grands traits le sujet à Duquesnel, en lui demandant une lecture qu'il m'avait promise et qu'il a sans cesse ajournée.

Votre drame se passant à Rome, je ne dois pas supposer que vous ayez tiré parti des mêmes éléments dramatiques que nous. Je ne pense pas que votre Tosca soit une conspiratrice, ni qu'elle soit aimée d'un général républicain, ni que ce dernier, placé entre son devoir et son amour, soit faussement accusé d'avoir trahi son pays. Il n'en reste pas moins entre votre drame et le nôtre une coïncidence assez fâcheuse pour nous, dont j'ai tenu à vous avertir dès aujourd'hui, afin d'éviter qu'on nous accuse un jour de nous être inspirés de vous.

Cordialement,

ERNEST DAUDET.

M. Aderer recevait le lendemain la lettre suivante :

Mon cher ami,

Si M. Ernest Daudet s'était adressé à moi tout d'abord, à moi seul, pour exprimer ses craintes, je me serais fait un plaisir de le rassurer. Mais des réclamations si bruyantes pour une pièce dont il ne connaît pas un traî-tre mot, et de telles insinuations à mon adresse. et à celle de Sarah Bernhardt et de Duquesnel, ne méritent pas une réponse. Ma pièce répondra pour moi, et M. Daudet regrettera sa lettre.

Mille amitiés.

VICTORIEN SARDOU.

Marly-le-Roi, 15 septembre.

Cet échange de lettres a été suivi de nombreux articles de reportage, de conversations avec M. Sardou et de chroniques prenant

5.

parti pour ou contre un auteur qui a la mauvaise fortune de ne pouvoir écrire une pièce sans être aussitôt accusé de plagiat.

De nombreuses révélations sur les mœurs théâtrales nous ont donné la conviction que le secret de pièces déposées par des auteurs inconnus chez des directeurs de théâtre, ou lues à des comédiennes célèbres, n'avait pas toujours été respecté. Plusieurs faits de ce genre nous ont amené aux réflexions suivantes :

LES SPHINX DE MARLY

..... Alors, comme tous en parlaient, j'ai pris mon bâton de campagnard et je suis allé interroger les grands sphinx de Marly. Ils sont là dix qui se regardent d'un air mélancolique, car ils se souviennent du *Crocodile*, et qui méditent avec tristesse, car ils se demandent ce que Duquesnel fera de Victorien Sardou ! Leur vue, cependant, est con-

solante. Sur cette colline déserte, où l'herbe
pousse, où le vieux clocher de l'église se
dresse à côté d'un cimetière, ces sphinx,
grands et mystérieux, font rêver à de grandes
choses...

Je me découvrais devant eux — pour leur
parler de *Patrie*, de l'œuvre qui souleva et
enflamma nos cœurs ; mais un des sphinx me
cracha ces mots au visage, de sa large bouche de granit :

— Enfant, tu parles de *Patrie*... N'as-tu
donc jamais lu les *Bourgeois de Gand* ?

Et je compris que ces sphinx superbes
avaient le dédain de leur maître et le dégoût
de se survivre.

Accuse-t-on Augier de plagiat ? Traite-t-on
Dumas de voleur ? Qui a soupçonné seulement Feuillet ? Quel Vitu, à la mémoire surprenante, prît-il jamais la main dans le sac,
Labiche, Halévy, Meilhac, Becque ou Gondinet ?

Et ce qu'il y a de grave, d'accablant, de terrible, c'est que les attaques ne partent point de bas. Les ennemis de Sardou — ses accusateurs — ne sont pas des caractères à la Fréron, des misérables comme Mirecourt. Ce sont des hommes connus et honorés qui n'agissent ni par intérêt, ni par rancune.

Accusé, M. Sardou riposte par des sarcasmes. Soupçonné simplement, il se met l'esprit à la torture pour amuser la galerie. Jean Hiroux était plus drôle, mais il n'était pas plus cynique.

L'indignation s'élargit et l'infamie déborde. Jamais les mœurs des tripots où se cuisine l'art dramatique de la France n'ont été plus stupides ni plus immondes. Que les corsaires et les négriers du théâtre se taillent dans la chair des auteurs et dans la beauté des comédiennes un surcroît de butin, c'est l'affaire de leur conscience. Mais ce qui dépasse la licence, à une époque de fécondité littéraire sans précédent, c'est que ces ruffians et ces pirates de l'idée aient réduit la scène française à l'état d'indigence où elle est tombée.

Certes, pour moi qui connais de M. Gilbert Thierry sa profonde science de l'histoire et l'ardeur de son tempérament, pour moi qui ai lu ses travaux sur la guerre vendéenne et ses romans écrits d'un syle vibrant et concis, rien ne me surprendrait moins que de le voir donner un drame curieux, passionné, qui, malgré les inexpériences d'un début, emballât le public après avoir emballé Sarah Bernhardt.

Et, cela étant donné, après les rencontres si nombreuses de M. Sardou avec ses confrères, je ne serais pas étonné le moins du monde qu'un secret eût été trahi, qu'une idée eût été volée. Ce ne serait pas la première fois, d'ailleurs, mais il faut encore s'y prendre habilement pour détrousser les gens sans les faire crier.

J'ai connu ainsi deux jeunes gens qui avaient déposé une pièce en un acte au Palais-Royal, et qui eurent le malheur d'être lus. On les ajourna, on les berna. Ils virent un peu plus tard que leur idée était bonne. Ils la retrouvèrent dans un acte d'une comédie qui eut le plus grand succès. Ils étaient inconnus et se turent, sachant qu'on ne les écouterait pas et qu'on leur donnerait tort sans les entendre. D'autres inconnus, qui ont constaté à leur préjudice de semblables rencontres, ont protesté très carrément. C'est ainsi que MM. Joseph Turwanger et Charles Beaumont ont relevé de nombreux points de contact entre leur *Fille unique* et les *Petites Godin*, et que M. Ch.-M. Laurent a reconnu des liens de parenté entre les *Homonymes* et *Durand et Durand*. Il faut dire que les pièces de ces messieurs avaient passé par plusieurs théâtres. C'est un préjugé qui s'implante ! Quand l'idée d'une pièce paraît bonne, elle appartient au directeur chez lequel on l'a déposée.

M. Victorien Sardou subit ces accusations avec une irritation croissante. Il affecte de dédaigner les attaques ou leur oppose des impertinences.

Un reporter lui offre ses tablettes, Sardou en profite et il y couche cette belle pensée :

« Marengo ! Il existait un précédent, le veau Marengo... »

Le reporter ne bronche pas et il encaisse cette calembredaine de grand dramaturge, que Commerson eût répudiée.

Et le grand homme ajoute, tout heureux de casser du sucre :

« Mais non ! Daudet sait aussi bien que

moi que les deux pièces n'ont aucun rapport.
Et c'est imprudent de sa part d'insinuer
que Sarah ou Duquesnel ont pu me raconter
son sujet. *Duquesnel n'a pas voulu lire la
« Saint-Aubin.* » (Voyez-vous ça !) Sarah
seule l'a subie, cette lecture. Elle m'a dit
même à ce propos : — C'est d'un bête[1] ! »

Je vois la scène... MM. Ernest Daudet et
Gilbert Thierry ont écrit leur pièce.

— Eh bien demande Duquesnel, comment
trouvez-vous cette *Saint-Aubin* ?

— Infecte, répond Sarah.

— Parbleu ! réplique Duquesnel avec son
flair.

A ce moment, Sardou fait son entrée.
L'homme providentiel apporte le manuscrit
de la *Tosca.*

— Voilà du *nanan !* reprend le flair de
Duquesnel.

1. Si M. Duquesnel n'a pas lu la *St-Aubin*, on sait que
M. Ernest Daudet lui en a conté de vive voix le *scenario.* E. D.

— Lisez-nous ça ! dit la tragédienne mise en appétit.

Sardou fait sa lecture avec ce talent tant de fois célébré par les courriéristes.

— Quelle veine ! s'écrie Sarah. Cette *Tosca* c'est ma *Saint-Aubin*...

— Écrite par un maître, ajoute Duquesnel.

— Voilà bien ma chance, grogne Sardou. Je vais encore être accusé de plagiat...

— Et nous aurons une réclame exquise ! conclut le directeur de la Porte-Saint-Martin en se léchant les lèvres avec gourmandise.

Zola a dit à M. Sardou qu'il ne lui accorderait jamais son estime littéraire, et, malgré son habit vert et le meilleur de son répertoire, M. Victorien Sardou sera accueilli par le public comme il le fut par Zola.

Le puffisme de *Théodora*, la pauvreté du *Crocodile* n'ont abusé que M. Duquesnel.

Les dénégations les plus habiles de Sardou
n'ont convaincu personne. A qui ferait-on entendre que tant d'auteurs connus ou inconnus n'ont été créés et mis au monde que
pour traiter faussement Sardou de plagiaire ?

C'est lui qui a voulu ce qui arrive, lui qui
a travaillé avec le plus d'acharnement à l'a-
baissement de son art, lui qui a subordonné
la muse à l'exploitation d'une comédienne,
aux faux éclats des paillons et des oripeaux,
du costume et du décor.

Alors, sur cette scène déserte et muette,
le roi Barnum s'est avancé. Au tapage as-
sourdissant des réclames a succédé l'aveuglement brutal de la mise en scène. On
lançait une saison théâtrale comme on eût
lancé une émission de valeurs mauvaises. On
décrivait à l'avance les costumes. Il y eut
des archéologues qui s'amusèrent à démontrer que la fourchette de Théodora était un
anachronisme et des gastronomes compulsè-

rent en vain les tomes les plus oubliés pour savoir si le fricot de mouton aux navets était connu sous Justinien. Jamais la bêtise des gogos ne fut plus cyniquement drainée.

Ce que M. Sardou attend de ces aventures et, pour tout dire, de ces fumisteries, serait difficile à démêler et à définir. S'il le sait, nous savons aussi ce que son œuvre peut donner : un théâtre absolument industriel et vénal livré à de vulgaires camelots.

Le théâtre est tombé entre les mains crochues d'exploiteurs si grossiers, que le drame et la comédie sont morts de la liberté de la scène, accaparée par des machines à spectacle, des vaudevilles idiots, d'ineptes opérettes.

Aussi, quand vous montez au château de Marly pour demander aux sphinx l'avenir de l'art dramatique, les sphinx restent muets et ne veulent pas répondre. Et ils ont raison, les grands sphinx... ils seraient obligés d'en dire trop long !

LE KRACH DES ÉTOILES

Ils disent que l'opéra italien se meurt, et le ténor Angelo Masini vient de partir de Milan pour Buenos-Ayres, avec la troupe Ferrari. Or, savez-vous ce que gagne ce Masini d'Angelo, ou cet Angelo de Masini, — selon que vous voudrez l'appeler? La bagatelle de 750,000 fr. — vous avez bien lu — pour cinquante représentations données en trois mois ! Ça met les bémols un peu cher.

Vous voyez ainsi comme elle souffle de toutes parts, la passion du barnisme, du puffisme et du cabotinage. Vous voyez comme ils s'y prennent, les impresarii, pour fouetter le diletanttisme moderne, qui se base non sur le goût du spectateur, mais sur son effarement, à la nouvelle qu'il va entendre un phénomène auquel on donne quinze mille francs par soirées pour cracher des sons !

Le phénomène est soigneusement emballé. Il lui faut un wagon spécial, un wagon-piano. Le colonel Mapleson s'était engagé par traité à fournir à la Patti un wagon neuf, avec des armatures et des fermetures d'argent. Voilà, tout au moins, un colonel qui ne se mouchait pas du pied ! M. Masini voyagera avec sa maison qui se compose d'un médecin, d'un secrétaire et de deux valets de chambre. En vérité, on croit rêver ! Il ne manque à ce personnage qu'un bouffon pour le dérider à ses heures de *spleen*, et qu'un troubadour pour chanter ses exploits. Cependant, chaque jour, de semblables faits se renouvellent sans arracher un cri de douleur et de protestation à la misère, devant cette concurrence faite par le plaisir à la charité !

Si la musique est la manifestation de l'art

qui nous émeuve le plus, qui nous remue le
plus profondément, voyez par contre à qui
elle profite. Pour quelques compositeurs qui
ont réussi à s'imposer, combien sont-ils qui
luttent, pauvres, ignorés ou méconnus. Ceux
qui veulent nous faire entendre leurs rêves,
les orages de leur cœur, les délices entrevues,
les extases ressenties, sont réduits à solliciter
humblement des auditions rarement accor-
dées, et, pour gagner le maigre pain quotidien,
à courir le cachet et à donner des leçons. L'argent qu'ils font verser dans les caisses théâtrales reste dans les mains des étoiles, des
virtuoses, et dans les griffes crochues des
Barnums !

Ceux qui travaillent au développement du
progrès et de l'art, ceux qui sont l'honneur
de l'humanité, ne recueillent que les miettes
du festin. Le monde a parfois le regret de son

injustice, mais ce n'est que par une répa-
ration posthume qu'il essaye de l'effacer.

Ceux qui, par leur fortune et leur éducation, sont à même de comprendre le mieux
les œuvres artistiques, se sont laissé imposer
ces étoiles filantes qui parcourent le globe
sans jamais s'arrêter, qui, semblables à la
Patti, égrènent le chapelet monotone de leur
répertoire pauvrement et rarement renouvelé.
Les frères de Goncourt, dans leur monogra-
phique de la Saint-Huberty, nous ont montré
les exigences d'un cantatrice du XVIIIe siècle,
mais toutes ces exigences de la Saint-Huberty
ne sont en réalité que des misères à côté de
celle des étoiles de notre temps.

Il faut à ces commis-voyageurs de l'art
musical des compositeurs spéciaux qui soient
à la dévotion de leurs moyens vocaux et qui
ne travaillent que sur mesure pour mieux
faire valoir leur virtuosité ! Ainsi M. Strakosch
nous dit-il, dans ses *Souvenirs d'un impre-*

sario, qu'il a été accusé d'avoir strakoschoné
la musique du *Barbier* au profit de la Patti, ce
qui est vrai, mais que Rossini aurait approuvé
ces variantes, ce qui est douteux. Il est
difficile, en effet, d'accepter l'assertion de
M. Strakosch, qui affirme que « selon Rossini
les airs dans ses opéras ne devaient pas toujours être chantés comme ils étaient écrits et
que les artistes pouvaient se permettre des
variantes. » On ne m'empêchera pas de penser que ce ne devrait pas être tout à fait
l'exact sentiment de Rossini.

Mais quand on veut allier . l'intérêt mercantile à l'art pur, on n'arrive le plus souvent
qu'à de fort méchants résultats. M. Victorien
Sardou a subi, l'autre hiver, l'effet de cette
théorie. Il est clairement prouvé qu'il aurait
tiré plus d'honneur et de profit d'une belle
œuvre que d'une pièce machinée à l'usage des
enfants et du public d'exportation.

Les Américains ont contribué le plus à

cette effroyable exploitation des étoiles. Le premier impresario fut un millionnaire havanais, M. Marty, qui avait fait sa fortune en exploitant le monopole de la vente du poisson dans l'île de Cuba. Ce brave homme payait déjà, à raison de 1,000 francs par mois, Mmes Bosio et Tedesco.

La folie de l'or se déchaîna à New-York. M. Abbey offrait à la Patti un cachet de 20,000 francs et voulait l'engager pour le Métropolitain-Opéra ; la grande bataille des dollars allait commencer ! Le colonel Mapleson enlevait la diva à son concurrent avec une surenchère de 5,000 francs par soirée.

Les frais quotidiens de M. Abbey au Métropolitain s'élevaient à 40,000 francs. Mme Christine Nilsson touchait un cachet de 10,000 francs, Mme Marcella Sembrich un de 7,500 francs. M. Campanini un de 5,000 francs. Mme Schalchi était engagée à raison de 25,000 francs par mois. M. Maurice

Strakosch nous ajoute mélancoliquement :
« M. Stagno se contentait de toucher 4,000
francs par soirée. » Ah ! mon Dieu, qu'il
était à plaindre, ce pauvre M. Stagno.

Mario et la Grisi n'ont jamais reçu, aux
plus beaux jours, plus de 1,250 fr. à Covent-
Garden. Mais la Patti, qui n'avait encore
chanté qu'en Amérique, arrivait à obtenir des
cachets supplémentaires de 2,500 à 3.000 fr.
A Hombourg, M. Maurice Strakosch put
faire cracher 5,000 fr. par soirée à M. Blanc.
On encaissait 10,000 francs, de sorte que la
Patti prélevait la moitié de la recette, de
laquelle M. Blanc devait déduire 3,000 francs
de frais. Ces chiffres évitent la peine de se
livrer à des commentaires.

Ce qu'il y a de curieux dans les *Souvenirs
d'un impresario*, c'est la contradiction fla-
grante qu'on y relève à chaque page. Toutes
les fois qu'il négocie un engagement pour la
Patti, ce beau-frère modèle a des prétentions

effrayantes, mais dès que l'agent de la Patti passe la plume à l'*impresario*, c'est un changement de front. L'*impresario* verse des pleurs sur le bon vieux temps, sur les prétentions des artistes, sur la rapacité de leurs agents. Il constate la rigueur des saisons, la disproportion des cachets des étoiles et des recettes des salles de spectacle.

A qui la faute, sinon aux Strakosch, aux Abbey, aux Mapleson, à tous ceux qui, convertissant leurs artistes en phénomènes, les trimballant à travers le monde comme les monstres d'une ménagerie, ont réussi à faire croire à ce naïf univers qu'il fallait toucher une dizaine de mille francs pour être en état de chanter proprement l'air des *Bijoux* ou la romance de l'*Étoile* ?

Si vous en avez le courage et si vous voulez en éprouver le complet dégoût, comparez

donc, pendant cinq minutes, le sort que vous
faites à vos penseurs, à vos savants, à vos
artistes, à tous les génies tutélaires de l'humanité, et les triomphes immodestes, in-
justes, disproportionnés, que vous réservez
à vos histrions de la rampe et à vos rossi-
gnols de tréteaux !...

Bon voyage, M. Masini !

VIEILLES ACTRICES

—

A M. Francisque Sarcey.

Vous demandez tous les dimanches, mon cher confrère, ce que sont devenues les « jeunesses » du Conservatoire, — puisqu'on ne les voit pas sur les planches. Je vais vous le dire : elles vont au persil.

Les directeurs ont des soifs d'éponges. Ils veulent tout absorber dans leurs recettes. Ils dépensent beaucoup d'argent fort bêtement ; mais, dès qu'il s'agit des droits des jeunes auteurs ou des appointements des jeunes comédiennes, ils n'ont plus un sou à donner. Ce calcul n'est pas seulement malhonnête... il est idiot, et je le prouve...

Les *Femmes collantes*, de M. Léon Gan-

dillot, ont obtenu un gros succès à Déjazet.
Ce vaudeville était donc jouable.

M. Gandillot affirme, du reste, que personne n'a voulu le lui prendre.

Autre guitare ! Un journal hebdomadaire,
l'*Alceste,* déclare formellement que M. Gandillot n'a fait recevoir sa pièce à Déjazet
qu'après avoir versé la somme de cinq mille
francs entre les mains du directeur de ce
théâtre.

L'auteur des *Femmes collantes* n'a adressé
aucun démenti à l'*Alceste ?* C'est dommage.
Nous l'y attendions.

Je dis que nous l'y attendions, car M. Gandillot, s'il a dans cette occasion la conscience
de son devoir, ne doit pas reculer devant la
révélation d'un marché clandestin. Il faut
qu'il se déclare sur ce point, ce qui nous permettra de répondre aux entrepreneurs de
spectacles.

Ces messieurs enfourchent toujours en

effet le même cheval de bataille quand nous leur demandons des spectacles plus nouveaux que des reprises d'Eugène Sue.

Ils nous répliquent :

« Nous ne jouons pas les jeunes parce qu'ils ne nous apportent rien de propre. »

Cela voudrait dire, si le renseignement de l'*Alceste* était exact, que les jeunes n'apportent rien de propre quand ils n'apportent pas d'argent.

Je ne serais pas autrement surpris que les choses se fussent passées de la sorte, et que les directeurs fissent ainsi un double métier.

Ils se suspendent (style des courriers) à la sonnette d'un homme célèbre qui leur donne souvent des pièces qui tombent.

Ils repousseront au contraire le manuscrit d'un inconnu avec lequel ils pourraient gagner beaucoup d'argent, à moins que le généreux inconnu ne leur accorde des avantages tout spéciaux.

Et quels avantages ne réclament-ils pas ?
Ils imposent à l'auteur pour collaborateur un
journaliste influent dans la presse d'infor-
mation théâtrale. Le journaliste touche la
moitié des droits et doit rétrocéder de la
main à la main la moitié de sa part au directeur. Parfois le directeur touche lui-même à
la Société des auteurs. C'est ainsi qu'à la
suite d'une fausse manœuvre d'un des associés la Société a repoussé — sans savoir ce
qu'elle faisait — les prétentions d'un directeur qui, sous le nom d'Hector Petit, préten-
dait toucher le tiers des droits de la pièce
représentée sur son théâtre.

On comprend que les jeunes gens préfèrent s'adresser aux directeurs de journaux et
aux éditeurs. Ceux-ci ne demandent pas à
partager la moitié du produit de votre travail et ne le font pas signer par un étranger.

Quand on a rogné vos droits, on rogne ensuite votre pensée. Écoutez M. Gondinet dans

la préface qu'il a écrite pour le *Club* de
M. Cohen.

« ... Les choses vraiment nouvelles, vraiment originales, vraiment audacieuses ne
réussissent jamais sans concession. De temps
à autre, quelques oseurs se lancent avec un
véritable courage. Ils sont toujours arrêtés,
— ordinairement dans le cabinet du directeur. »

Quant aux comédiennes, leur état devient
triste et écœurant au degré suprême. Les
malheureuses qui ont la vocation chevillée
à l'âme acceptent des traités léonins. Leurs
appointements sont dérisoires et leurs dédits
terrifiants. De telles conventions sont im-
morales et déshonorantes pour ceux qui osent
les imposer, et il devrait y avoir un taux sur
les dédits comme il y en a un sur l'intérêt.

Supposez un homme indélicat à la tête
d'un théâtre. Il s'est assuré sa cargaison de
chair humaine au moyen de bons gros dédits
de 30 à 50,000 francs. Quelle arme puissante
entre ses mains que ce dédit, quand le directeur sait qu'une de ses pensionnaires peut le
payer... ou est en état de le faire payer !

La galanterie s'impose donc à la comédienne, non cette haute et glorieuse galanterie d'une Adrienne Lecouvreur, fille parfois,
plus souvent femme, mais une galanterie de
basse noce, s'exerçant dans les cabarets à la
mode et même chez les proxénètes connues.
La comédienne débutante est obligée de se
vendre pour payer ses costumes de scène. Je
ne prétends pas apprendre là une nouveauté ;
je répète ici simplement une vérité cruelle.
Mlle Mary Jullien a déclaré dans un procès
que les six cents francs qu'elle gagnait par
mois à son théâtre ne suffisaient pas à ses
frais de couturière.

On ne donne néanmoins aucune importance à ces créatures exploitées dont les appointements ne payent même pas les dépenses qu'entraînent leurs rôles. Et ces costumes
dans lesquels elles s'exhibent ne sont utilisés
que dans des pannes ! On ne demande pas à
ces femmes d'avoir du talent, on ne leur demande que d'être belles, d'être parées, de
savoir plaire. Le directeur montre la femme ;
il ne veut pas risquer de montrer la comédienne. Si l'on est riche, fière et maltraitée,
on brise sa chaîne, quitte à payer le gros
dédit.

Seules, les vieilles étoiles, archiconnues,
patentées, chevronnées, ont droit à des conditions sortables. On les appointe parce
qu'elles ont un nom, un nom qui représente
vingt campagnes !

Judic accepte encore des rôles de petite
fille, et l'on compte encore sur Théo pour
galvaniser les cravates blanches.

On a fait croquer des pommes vertes, l'hiver dernier, à la malheureuse! N'a-t'on pas fait chanter Granier dans la salle de la Gaîté? C'est comme si l'on demandait à M. Saint-Germain de parler dans une cathédrale...

M. Rochard n'a trouvé dans tout Paris que Mme Zulma Bouffar pour jouer le rôle de Rigolette dans les *Mystères de Paris*. On a fait un succès d'estime, voire de respect, à Mme Bouffar. Tout le monde a trouvé en effet que cette dame était vénérable en Rigolette.

La Comédie-Française subit le contre-coup de cette situation. A la suite de l'administration de M. Perrin, qui a découragé sa jeune troupe, en présence de la pénurie des théâtres, la Comédie n'a plus à compter que sur les éléments fournis par le Conservatoire et l'Odéon. Il ne reste à M. Porel que ses beaux yeux pour pleurer.

M. Bodinier, le secrétaire de la Comédie-Française, nous a envoyé une brochure aussi concise que substantielle, dans laquelle il réclame le perfectionnement du Conservatoire, suprême ressource du théâtre moderne. M. Bodinier propose un système de réformes indispensables. Il s'étend surtout sur la nécessité de créer au Conservatoire un théâtre d'application [1]. Notre confrère L.-P. Laforêt a eu la même idée quand il a demandé à M. Turquet de fonder le Petit-Thâtre-Français. M. Bodinier est profondément dans le vrai. On ne trouvera bientôt plus dans les théâtres de comédiens ni de comédiennes sachant leur métier. Il faut donc que les jeunes gens sérieux qui veulent travailler aient une école où ils puissent recevoir un utile enseignement.

Un auteur dramatique inconnu ne peut

1. Nous étudierons spécialement plus loin le projet de M. Bodinier.

pas se faire jouer s'il n'est pas d'humeur à accepter des conditions fantastiques.

Une jeune femme ne peut pas vivre de ses appointements si elle ne consent à se prostituer comme la dernière des filles.

Nous trouvons dans les théâtres d'antiques étoiles qui, recollées, feraient des vieilles lunes. Mais si vous voulez, mon cher monsieur Sarcey, retrouver les petites filles du Conservatoire qui venaient vers vous, toutes frémissantes d'ambition, il faut demander des renseignements sur elles à l'intrépide Vide-Bouteille ou à son illustre ami le vieux Carafon.

Elles se retirent de la lutte ou elles sombrent dans la vie de plaisir. Elles sont perdues pour le théâtre, comme tous ces jeunes gens qui se sont concentrés dans leurs travaux du livre et du journal, qui n'ont pas voulu passer par des sentiers fangeux, tolérer des collaborations inutiles, signer des pactes révoltants. **Si** je parle avec une certaine émotion et une certaine vivacité de pareils faits, mon cher confrère, c'est que j'aime le théâtre (celui des autres, bien entendu !), c'est que je vis au milieu des gens qui en ont la passion, l'idolâtrie. J'en connais même qui écrivent des pièces sans avoir l'espoir de les faire jouer.

Ce qui m'exaspère surtout, c'est que tout ce truquage des directeurs ne leur fait pas gagner d'argent. Leurs affaires, en général, ne sont pas brillantes et ils auraient plus d'honneur et plus de profits à faire simplement et tranquillement leur métier.

De méchantes langues vont jusqu'à prétendre que les vieilles actrices jouissent souvent d'une omnipotence qui date de loin. Je ne veux pas en croire un mot.

Il n'y a pas de mystères de coulisses. Tout finit par se savoir. Si j'étais directeur de théâtre et vieux compagnon d'une comédienne fourbue, je la retirerais prudemment de la scène. Un homme sensé n'éprouvera jamais le besoin d'exhiber sa femme anonyme en criant au public, à tue-tête:

— Ces vieux mollets-là sont à moi !

LA CENSURE ET LA CRITIQUE IMPARTIALE

LA SUPPRESSION DE LA CENSURE

Au moment même où une chanteuse de café-concert se permettait de prononcer à la fin de l'un de ses couplets le mot *bisser* avec un accent fortement tudesque, l'honorable M. Laguerre faisait triompher devant la commission du budget sa proposition tendant à la suppression de la censure. Je ne retiendrai de ces deux faits que deux conclusions très simples, à savoir que les hommes politiques qui nous dirigent essayent de se populariser par des mesures d'apparence libérale et que les masses populaires, pour lesquelles ces mesures sont prises, s'empressent tout de suite d'en abuser. Il est

évident que la chanteuse dont j'ai parlé aurait dû être menée au poste en pleine représentation et que sa petite substitution est le
triomphe de la cochonnerie et non celui de
la liberté. Les libertés qui nous ont été accor-
dées n'ont pas élevé la pensée moderne, elles
n'ont encouragé que l'impudence de ceux qui
cherchent le succès par tous les moyens.

Les journaux républicains, à propos de
l'affaire d'Armentières, ont déclaréque M. de
Cassagnac, comme écrivain et comme journaliste, n'avait qu'un talent d'invective et un
style d'injure. Cela est possible, mais M. de
Cassagnac me semble un *coco* de modeste
taille à côté des romanciers de l'école dite
de guano et des librettistes de café-concert.

En cette occasion, tout me fait prévoir
que M. Laguerre s'est trompé totalement s'il
a cru obtenir quoi que ce soit en faveur de
l'art et de la liberté.

Si la liberté du théâtre est à invoquer, elle l'est en faveur de grands esprits et de grands talents. Quand M. Augier et M. Dumas s'attaquent à une thèse et la mettent en scène, on comprend que leur prose soit respectée. Ni Augier ni Dumas n'écriront une pièce à la légère et, s'ils abordent corps à corps un des préjugés les plus endurcis de notre société, ils ont l'habileté et la prudence de conduire leur attaque avec un art infini.

Je ne crois pas que nos meilleurs auteurs dramatiques aient eu souvent à se plaindre de la censure, mais j'ai la certitude que bien des gaillards ont eu à se louer de sa sévérité. Je ne veux pas mêler ici la personnalité des censeurs et leurs agissements à la nature et à l'essence même de la censure. J'admets parfaitement que les censeurs aient commis des gaffes, mais je ne pense pas que cela soit une raison pour supprimer l'institution.

Les censeurs savent parfaitement que s'ils s'attaquaient véritablement à la liberté de la pensée leur carrière ne serait pas longue et qu'ils ne tiendraient pas douze heures contre l'indignation de la presse et la colère de l'opinion. Mais, d'un autre côté, ils ont tous les honnêtes gens pour eux lorsqu'ils s'efforcent de toute leur énergie à maintenir sur toutes les scènes et dans tous les spectacles le respect qui est dû au public.

La censure serait certainement un luxe inutile à retrancher tout de suite du budget si M. Laguerre pouvait compter sur le goût de nos jeunes et intelligents directeurs. Je n'insiste pas sur ce point. Le premier auteur venu vous contera les tribulations de ses débuts avec les directeurs et vous déclarera que la censure du gouvernement n'est rien quand on la compare à celle des satrapes de nos scènes parisiennes. Si c'est d'ailleurs

aux auteurs dramatiques que M. Laguerre
veut être agréable, il commet une nouvelle
erreur sur ce point. Les directeurs auront
la liberté pleine et entière, les auteurs seront
toujours tenus par la patte. On pouvait en
appeler contre les censeurs, on ne pourra
pas réclamer contre un directeur qui est
aussi maître chez lui que le charbonnier.

Si M. Laguerre est persuadé de la popularité de sa proposition, je l'invite à relire
les journaux de toutes les opinions au sujet
des vocifératione des camelots du boulevard,
de l'étalage de certains livres aux vitrines
des libraires, des caricatures accrochées aux
kiosques et de la composition du répertoire
des cafés-concerts. L'appréciation des journaux est unanime et, le plus souvent, basée
sur des réclamations d'abonnés. De tous
les côtés, on proteste contre la mauvaise

tenue du boulevard, des théâtres et des lieux publics, et c'est ce moment que M. Laguerre choisit précisément pour faire accepter par la commission du budget la destruction de la dernière ressource qui nous restait pour assurer un peu de tenue dans les spectacles.

M. Turquet, qui a défendu la censure, s'est appliqué principalement à démontrer aux membres de la commission le danger qu'il y aurait à laisser les cafés-concerts sans contrôle. A l'appui de son dire, il a soumis à la commission quelques chansons qui n'avaient pas obtenu l'estampille. Si l'on se rapporte à celles qui sont estampillées, celles qui ne le sont pas doivent être d'un joli sel! La commission a passé sur tout cela, et M. Turquet n'a pu obtenir que quatre voix, parmi lesquelles celle de M. Antonin Proust et celle de M. Bizarelli, qui fait partie de la gauche radicale.

Je suis heureux de pouvoir opposer le nom d'un autre radical à celui de M. Laguerre. Il est évident que M. Bizarelli semble avoir voté contre une mesure libérale alors qu'il a voté en réalité dans l'intérêt de la dignité et de la liberté de ses électeurs.

La petite bourgeoisie, les jeunes gens sans fortune, les petits commerçants, les ouvriers, ont depuis longtemps délaissé le théâtre, qui est trop cher pour leur bourse. Tout ce gros public, dont la désertion est la ruine de nos salles de spectacle, constitue la clientèle des petits concerts des quartiers populeux. Il y va en pantoufles. Certains ménages amènent les enfants, car l'ouvrier préfère l'ennui de traîner sa fillette et son gamin dans ces bouges au danger de les laisser seuls, sans surveillance, dans son logement. Si ces enfants ne connaissent pas le répertoire de nos grands chansonniers, vous les entendez, en revanche, vociférer dans les rues des couplets or-

duriers. Ils se brisent la voix en essayant
d'imiter les contorsions de leurs pîtres de
prédilection, et ils ne retiennent de ce spectacle qui leur est offert qu'une kyrielle de
termes d'argot dont ils émaillent leur conversation. C'est à tel point qu'un député
radical qui se piquerait d'être logique devrait
appeler l'attention du gouvernement sur la
sottise et le cynisme qui règnent dans les
cafés-concerts, au grand profit de la cor-
ruption populaire et de la facilité du travail
des chansonniers.

M. Laguerre, qui décidément n'y va pas
par quatre chemins, déclare que la suppression de la censure nous délivrera de toute
contestation diplomatique au sujet des difficultés que peuvent créer les pièces dont
l'action se déroule à l'étranger, ou avec des

étrangers pour personnages. **M.** Laguerre
a de biens belles illusions s'il pense un seul
instant qu'il suffira à notre président du
conseil de se retrancher derrière son impuissance pour que les représentants des puis-
sances laissent bonnement insulter leurs
nationaux. Cette absence de répression légale
contraindrait tout au moins le ministre des affaires étrangères à adresser des excuses toutes platoniques au premier gouvernement
qu'un bohème alcoolisé aurait traîné dans la
boue d'une œuvre écrite pour l'Odéon, mais
jouée finalement sur les planches des Bouffes-
du-Nord. Ce sera d'un joli prestige, et vous
verrez que cela se produira si la Chambre
partage les idées de M. Laguerre sur la suppression de la censure !

Quand on parle de « museler la presse »,
nous savons ce que cela veut dire et nous
protestons tous parce que l'expérience nous
a révélé que les lois de répression sont faites

pour le bon plaisir des gouvernements et non pour le triomphe de la vérité, de la justice et du goût. L'institution de la censure n'est pas d'ordre politique, mais d'ordre moral, En la supprimant, la Chambre ne pourra que nous créer des ennuis avec nos voisins. Elle créera la liberté de la souillure, elle assurera l'impunité aux auteurs et aux interprètes des dévergondages les plus ignobles. Loin d'aider à l'éclosion d'œuvres généreuses et fortes, elle ne fera que le jeu des insulteurs publics et des auteurs de « livres transparents ». Pour les femmes, pour les enfants, pour les jeunes gens, laissez la censure debout..... Nous nous chargerons bien des censeurs !

LE THÉATRE D'APRÈS BARBEY

Un jour, M. Armand de Pontmartin, cet honorable commentateur de toutes les rengaînes rapiécées, a sévèrement reproché à M. Barbey d'Aurevilly d'avoir écrit, lui royaliste, dans un journal dirigé par M. de Cassagnac, d'avoir collaboré, lui catholique fervent, à *Gil Blas*, gazette des péchés capiteux. Où aurait donc voulu l'honnête M. Charbonneau qu'écrivît le pauvre M. Barbey ?

Par sa terrible brutalité et sa dangereuse franchise, l'auteur des *Diaboliques* s'était fermé toutes les maisons amies. Il s'était condamné lui-même à clamer dans la solitude. Je me représente cet esprit vigoureux, aussi

loyal que féroce, se retirant pour combattre,
comme en une philosophique citadelle, dans
le tonneau d'un Diogène catholique. Il lui
fallait l'indépendance de l'anachorète et l'inviolable *chez-soi* du pamphlétaire... Malheureusement pour M. Barbey, il paraît — et je
n'en doute pas — que ce tonneau de Diogène
est défoncé ou pourri, car je cherche en vain
qui diantre s'aviserait de le louer en ce moment...

Cette force qui est en Barbey s'est donc
dépensée dans le vide. Cette voix puissante
n'a trouvé ni tribune ni chaire. Ce tempérament sans frein a épouvanté ceux qu'il voulait mortifier de sa haire, flageller de sa discipline. Il y a eu une débandade, un sauve-
qui-peut devant ce don Quichotte qui char-
geait à fond les moulins à vent des convictions fragiles, ce Bridaine qui dénonçait
publiquement les lâchetés humaines et les
souffletait de leurs propres remords.

Vous retrouverez très parfaitement l'homme qu'est Barbey dans son volume sur le *Théâtre contemporain*. Ces pages ne sont pas d'hier : elles datent de 1868. Elles parurent dans le *Nain jaune*, et, en les lisant, elles font regretter cet esprit frondeur, révolutionnaire, des petits journaux littéraires qui semblaient des barricades d'où l'on tirait sur l'ennemi. Mais pour nous, qui avons pris en main la cause du renouveau du théâtre, qui voulons le délivrer des faiseurs pour le rendre aux artistes qui pensent et qui créent, ce volume est un jalon planté sur notre route et marque d'une lumière violente et crue le chemin de la vérité.

Barbey éprouve une haine violente du théâtre. C'est pour lui la forme littéraire, l'expression artistique la plus basse, la plus triviale, la plus abjecte, la plus corruptrice.

Et le malheur, c'est que le théâtre prend chaque jour plus d'importance et que la véritable littérature s'agenouille devant lui très humblement.

« Comme une foule d'êtres destinés à périr par leurs vices, aurait-elle donc (la littérature), l'amour de ce qui doit la tuer ?... Que dis-je encore ? elle en a la bassesse. Ce que David faisait devant l'arche, elle le fait devant un tréteau. Elle supporte très bien de ne venir, dans l'opinion, qu'après la littérature théâtrale, et elle paye elle-même les violons et les trompettes des plus sottes gloires, nées sur les planches... Est-ce que le plus idiot vaudeville, pour peu qu'il soit représenté, ne trouve pas toujours à son service le compte rendu qu'un livre fort, réduit à sa seule force, ne trouverait jamais. Lisez les journaux et jugez ! »

C'est un art mendiant que le théâtre, art subalterne qui ne peut vivre de lui seul, qui,

pour subsister, a besoin d'une armée d'ar-
tisans et de magasins d'accessoires et de
friperies, qui réduit la pensée et dénature le
style, et M. d'Aurevilly lui jette l'anathème
s'il prétend sortir de l'humanité, de la vie.

Il voue aux gémonies M. Alexandre Dumas
fils et sabre rageusement M. Victorien Sardou.
Il leur en veut de leur habileté, de leurs artifices, et il échangerait volontiers toute la
science d'arrangeurs de ces deux dramaturges
contre l'idée des *Sceptiques* de Mallefille. Ce
que veut avant tout le critique, c'est l'idée
puisée dans l'observation, c'est la pensée qui,
développant l'idée, la fécondant, la moralise.
Et la théorie de la moralité au théâtre de
M. Barbey est fort généreuse et fort soute-
nable. Il ne condamne pas les audaces, les
hardiesses de la scène. Il les réclame au contraire, il se grise de leur fracas, de même que
les chevaux de bataille se grisent du bruit
des sonneries ; mais il prétend que le public

sorte de ce spectacle, où l'on aura déchaîné
sous ses yeux les passions les plus violentes,
l'âme plus sensible aux nobles mouvements,
l'esprit plus ouvert aux grandes vérités morales.

Quant à moi, je n'aurais pas le courage de
railler ce système qui, dans ses conclusions
logiques, condamnerait souvent M. Dennery
pour approuver M. Zola.

Je n'ai pas besoin de le dire, ce système
est soutenu par M. Barbey à coups de trique.
Dans ses emportements, il a des excès de
sévérité. En matière théâtrale, il est d'une
incomparable orthodoxie et se contente au
théâtre de la peinture des caractères à l'aide
des procédés de Molière et de Shakespeare.
Il défend le théâtre humain, philosophique
et vrai, avec l'acharnement que des moines

espagnols mettraient à défendre leurs re-
liques.

Si M. Émile Augier écrit un vers bourgeois,
chancelle un instant sur les hauteurs, M. Barbey d'Aurevilly le lui dit crûment : « Lorsque
chez lui la situation s'empourpre, quand les
idées s'élèvent, comme dans la tirade sur le
bonheur que donnent l'art et la pensée, on
croirait que c'est l'heure du poète ; mais on
n'a là toujours qu'un bourgeois qui veut
l'être et qui, comme Ponsard, auquel il res-
semble par tant de côtés, ne l'est jamais que
pour les avoués, les notaires et quelques
académiciens ! »

Ce brutal et loyal critique estime donc que
l'indulgence la plus légère est une grosse lâ-
cheté. Il ne laisse rien passer aux forts, mais,
quand il a maille à partir avec les truqueurs.
les ravaudeurs et les manants, sa colère n'a
plus de borne et tombe avec un bruit sourd sur
les chairs meurtries des misérables.

Il est sans pitié pour M. Sardou. « L'auteur de *Nos bons Villageois,* nous dit-i!, n'a jamais été un poète comique. Il n'en a ni l'observation profonde, ni l'ampleur de vue, ni les style robuste et surtout varié, comme les caractères, les passions, les esprits que le poète met en scène et qu'il fait parler comme il les fait mouvoir; ni enfin le rire franc et terrible, cette faux du rire qui coupe tout, vices et ridicules, sur cette plante humaine et sociale obstinée, acharnée à en produire toujours!... M. V. Sardou n'est, pour qui regarde dans le fond de son sac et veut être franc, qu'un mélodramaturge mêlé de vaudevilliste, qui panache le vaudeville avec le mélodrame et pomponne le mélodrame avec le vaudeville, le tout (admirable ou déplorable, à votre choix!) avec la plus merveilleuse facilité. » Est-il un portrait plus ressemblant, mieux venu, de M. Sardou, dont *Ignotus* disait: « Cet homme à deux profils:

l'un comique, l'autre tragique — comme un masque coupé en deux. »

La colère de M. Barbey d'Aurevilly devient véritablement superbe lorsqu'il secoue à les briser les Thénardiers de la littérature dramatique.

Deux auteurs ont donné les *Treize* à la Gaîté. Le critique proteste contre ce droit qu'on s'arroge de tirer des pièces des romans d'un autre. Il crie à la garde ! Il appelle les gendarmes. « Balzac touché et arrangé par vous est bien pis que volé : il est violé ! Et le viol rend toujours stupide. Vous avez hébété Balzac !... Mais voilà que ce n'est pas seulement un roman de Balzac, mais deux que les cuisiniers de ce sinistre restaurant de la Gaîté ont pris et cassé l'un dans l'autre, comme deux œufs, pour faire une omelette ? Ils ont pris l'histoire de *Ferragus* cette paternité terrible dont la paternité du *Père Goriot* est l'envers, et cette merveilleuse his-

8

toire de *Mme de Langeais*, et ils ont mêlé ces deux chefs-d'œuvre dans l'infâme baquet à colle de leur drame ! Et ce n'a pas encore été tout... » Et, à l'appui de cette thèse, il redit autre part, à propos d'un *Gulliver*, misérable féerie dans laquelle on retrouve, hélas! le froid glacial de la mercantile inspiration (?) de M. Blum : « J'ai tout dit de cette grande misère... qui n'enrichira pas M. Hostein. Des auteurs, que voulez-vous que j'en dise ?... Les dépeceurs de génie, les Shylocks de la spéculation qui viendraient hardiment prendre leur livre de chair sur le sein immortel des grandes œuvres, pourraient avoir encore, comme le juif de Shakespeare, quelque chose de grand et d'osé dans leur attentat ; mais s'ils ne coupent cette chair sacrée que pour en faire une livre de suif de plus et ajouter au compte de leurs chandelles, ce ne sont plus que de sacrilèges épiciers... »

J'ai tenu à présenter à nos lecteurs ce vo-

lume de M. Barbey d'Aurevilly sur le *Théâtre
contemporain*, parce qu'il est l'histoire d'une
campagne récente et isolée contre l'abaisse-
ment de l'art dramatique, campagne que nous
avons soutenue à plusieurs, depuis quelques
années. Mais j'ai tenu surtout à appeler l'attention sur la critique de M. Barbey, parce
qu'il a payé cher les vérités cruelles qu'il a
émises et qui, partout, lui ont suscité d'irré-
conciliables ennemis.

Il est certain que ce caractère s'élève au-
dessus des âmes ordinaires et moyennes, et
que cet esprit altier ne se plaît que sur les hauteurs.

Avec toute ses bravades, sa défroque, ses
bizarreries, ses incartades, avec ce carnage
qu'il a fait des médiocres et des exploiteurs
de rengaines remâchées, M. Barbey d'Aure-

villy ne s'en est pas moins crucifié par orgueil.

Il a écarté de lui les foules qu'effaraient
ses sévérités. Il s'est mis à dos les claqueurs
qui font pleuvoir les gros sous sur les écrivains qu'il avait marqués au front de son
fer rouge. Autant de raisons pour expliquer
et défendre un homme entier dans ses idées,
despotique dans son amour de l'art, brutal et
terrible dans ses colères, qui n'a jamais
été compris que par un public restreint et
choisi, et qui termine sa vie dans une pauvreté noble, sans avoir jamais connu la
grande joie du succès que méritaient ses
œuvres de romancier et de polémiste, écrites
avec la passion d'un artiste et la plume d'un
gentilhomme de lettres.

COMÉDIENS ET CABOTINS

MONSIEUR RÉGNIER

Encore un « monsieur » qui s'en va ! Régnier, le comédien, était en effet « monsieur Régnier », comme l'auteur du *Consulat* fut monsieur Thiers. Notre temps — il faut le reconnaître — est caractérisé par le besoin qu'ont tous les comédiens (je le dis pour Thiers tout autant que pour son collègue qui opérait à la Comédie française) d'être salués très bas par les concierges de ministère ou de théâtre. La présence des pompiers à notre enterrement est devenue pour le perfectionnement de la race humaine un entraînement meilleur que la perspective de l'immortalité de l'âme. Il est évident que mon ami Édouard Philippe n'a consciencieusement suivi, et avec la rigidité d'un carme, l'austère sentier de la vertu que pour avoir à ses obsèques la fanfare du IX° arrondissement. On veut de la croix et du panache, du décor et de l'estrade. Le bourgeois veut être artiste, et l'artiste veut être bourgeois. Je ne serais pas autrement surpris si Mlle Reichemberg — la *Mademoiselle Delaunay* de la Comédie — prenait plus de plaisir au chant des fritures qu'à celui de la vague marine. Être dame de charité est le rêve de nos dames de la rampe. Donner ostensiblement aux pauvres après s'être clandestinement donnée aux riches, quel rêve, quel idéal, quelle carrière !

M. Coquelin aîné est la caricature de M. Régnier. M. Coquelin a inventé le cabotinage à l'envers. Malgré lui, il a gardé, collée à lui-même, l'allure traditionnelle du cabotin. Il porte les bottines comme M. Oscas porte ses espadrilles et le chapeau de soie

comme le même Oscar son yokohama dans
les stations balnéaires. M. Coquelin a l'ambition d'être considéré, il est surtout considérable. M. Régnier, au contraire, a été considéré et méritait de l'être, car il fut, dans la
vie comme dans l'art, un homme de goût.

.Honorable, fort correct dans sa tenue, oubliant le monde des coulisses dans les salons
où il était reçu avec empressement, M. Régnier cherchait à effacer toute nuance qui
pût distinguer le comédien du premier venu.
Sorti du théâtre, il redevenait un homme et
entendait qu'on le traitât en homme. En pareil cas, cette prétention est légitime, d'autant que le comédien était un travailleur ob-
stiné qui n'oubliait jamais les exigences et
les devoirs de sa profession.

Ses successeurs n'ont généralement pas le

tact de leur modèle. Ils exigent de la considération et ne savent pas la conquérir par les
mêmes procédés que lui. Nous consentons
à saluer M. Régnier, mais bonsoir pour
Bobêche en habit noir et en cravate blanche !.
M. Régnier avait la religion de l'art. Nos
comédiens modernes ont beaucoup plus
la religion de l'argent. A côté des qualités
originales, l'acteur possède une serinette.
Mme Judic — mieux que personne — a pos-
sédé la serinette. Sans remontoir, le comédien peut fonctionner 365 jours dans les années qui ne sont pas bissextiles, à Chicago
comme à Chartres.

Il phonographie ses créations et cliche ses
scènes à sensation. Il accepte d'un barnum
d'être montré chez des peuples divers comme
un veau à deux têtes ou comme un phoque
calculateur qui serait capable d'évaluer pour
cinq sous les différences de M. Léon Alfassa.
On l'embarque dans un wagon spécial, on

le trimballe de ville en ville, et il revient avec beaucoup d'or dans ses poches. Il a arrondi sa fortune et diminué son talent...

M. Régnier ne travaillait pas pour l'exportation et ne se doutait pas qu'il nous vaudrait un jour une mauvaise école. Ce digne homme était même, probablement, quelque peu traité de ganache pour n'avoir pas su allier l'amour de la considération à l'amour des capitaux. On le blaguait comme certains jeunes du barreau auraient blagué M. Dufaure. Il en est tant pour lesquels les seules convictions respectables sont celles qui rapportent 50 0/0 !

Voulant être homme de goût jusqu'au bout, M. Régnier s'éloigna de la scène à un moment où tout le monde le regretta. Ça, c'est un mérite ! C'est en même temps une belle création. Ce n'est pas tout que de chanter le *Chant du Départ*, il faut le chanter au bon moment. En avons-nous, des comédiens fourbus qui accaparent les planches et des cantatrices dont la voix n'est plus qu'un souffle insecticide ! Assistons-nous assez de fois à des agonies lamentables de gens qui eurent du talent et qui nous promettent depuis quinze ans de nous dire un « éternel » adieu ! Parlez-moi de Régnier et de Mme Brohan qui se retirent malgré tout un peuple pendu à leur redingote où à leur jupe. Ceux-ci, du moins, nous les regrettons, parce qu'ils ne nous donnent pas l'épouvantable spectacle de squelettes maquillés ou de caducités navrantes. Oh ! le cauchemar des grandes coquettes qui ne peuvent plus s'asseoir et des jeunes premiers qu'il faut relever quand ils *tombent* à genoux ! En avons-nous vu de vieux jeunes fronts dont la sueur perlait sur le fard, de cantatrices au cou horriblement sillonné de

cordes ! Spectacle hideux qu'une nation ci-
vilisée ne devrait pas plus autoriser que le
travail des enfants en bas âge dans les manu-
factures !

M. Régnier quitta l'habit du comédien mais
sut rester homme de théâtre. Il ne déambu-
lait pas sous les portiques comme le solennel
M. Derval. Il n'exhibait pas son importance
et sa dignité sur le boulevard. Il s'était mé-
tamorphosé d'« artiste dramatique » en « pro-
fesseur d'art dramatique ». Il ne jouait plus :
il enseignait... Il attachait beaucoup d'importance à ce nouveau rôle. M. Coquelin,
dans la même situation, aurait fait une campagne acharnée pour avoir le droit de monter dans sa chaire avec une robe sur le dos
et une toque sur la tête !

Vous comprenez bien que je n'entends pas
du tout dire des choses désagréables aux

mânes du papa Régnier. C'était un très esti-
mable homme, et il vient sous la plume
trop peu de noms de gens de cette catégorie
pour que l'on abaisse le métier et que l'on
essaye de décourager les imitateurs. Mais
entre nous, vous savez, ce brave comédien
nous a joué un vilain tour avec sa considération. Rendez-nous vite *Kean* et *Désordre ou
Génie*. Rendez-nous Scapin se compromet-
tant dans des estaminets enfumés. Je préfère
Thiron et sa verve, Thiron qui n'eut pour
élève que Mlle Van Zandt, aux messieurs mis
correctement qui prennent des airs importants et qui patronnent la poésie (lisez Poâsie)
de M. Manuel.

J'aimerais mieux, quant à moi, me laisser
taper de cent sous par un cabotin de talent
qu'accepter les dîners d'un artiste qui a maison de ville et de campagne. La famille Cocherie millionnaire ne m'amuse pas le moins
du monde. Comment voulez-vous que je qua-

lifie des gaillards qui gagnent un million à
faire dépraver le goût des artilleurs qui vont
à la foire au Pain d'épices par de malheureux
comédiens payés à raison de six francs par
jour? Ah ! il fera belle nuit avant qu'il y ait une
grève de comédiens ! Et cependant les comédiens du théâtre Cocherie travaillent autant
que des mineurs !

Il est probable que je n'écrirais pas dans
les gazettes si c'était uniquement pour y reprendre la défense des vieux préjugés. Ce
serait ridicule de vouloir insinuer qu'un comédien qui paye son terme et son tailleur,
et qui aurait fait sans doute un excellent capitaine de la garde nationale, vaut moins
qu'un journaliste ou qu'un horloger. Mais ce
qui est également inadmissible — pour des
raisons analogues — c'est que le comédien se
suppose élevé à quelques mètres au-dessus
du niveau de concitoyens aussi intéressants
que lui. Cette prétention est trop ridicule pour

qu'on la discute. M. Coquelin ne partageant
pas les idées de Gambetta sur la politique
étrangère mérite un éclat de rire pour réponse. Cela suffit.

C'était un devoir d'accompagner dans sa
retraite M. Régnier, le comédien qui a mérité
la considération, de même que c'est une joie,
à l'occasion, de s'amuser des comédiens qui
veulent jouir de cette même considération
sans la mériter par des titres très spéciaux.

La Société, qui n'est pas bête, a rompu avec
le préjugé, tout en faisant ses réserves. Elle
choisit ses hommes parmi les comédiens, et
elle a raison. Nous avons vu des officiers d'A-
cadémie qui commettaient de fâcheux cuirs,
des escarpes du monde financier dont l'habit
noir était constellé de décorations étrangères,
et nous verrons le ruban rouge à la bouton-

nière de cabotins peu méritants. Et puis qu'en adviendra-t-il ? Le monde, le vrai monde, celui des honnêtes gens paisibles, celui qui représente le travail et l'épargne, celui qui est la suprême force de la nation, ne les accueillera pas davantage. Le père Régnier a abattu les barrières qui séparaient de l'homme du monde le comédien. Le premier venu peut en faire autant. Régnier avait pour cela un secret très simple : il savait rester à sa place. Rester à sa place, voyez-vous, c'est le secret capital pour les comédiens dans le monde, comme pour les ministres au Parlement. Cela peut paraître incroyable, mais les comédiens ont l'air de moins s'y entendre encore que les ministres. Ils avaient pourtant la partie bien belle ! Ce sont peut-être des grecs qui trichent pour perdre et qui écartent leurs atouts...

LA MORT D'UN ACTEUR

Les comédiens meurent par douzaines.
M. de Bornier, qui a un repas de corps tous
les soirs, a un enterrement dramatique tous
les matins. Les frères Lionnet sont épuisés
par tant d'excursions sous les cyprès verts.
La mort a fauché dur ces temps-ci...

Parmi les derniers enterrés de cette semaine se trouve un pauvre diable, du nom
de Gabel, qui est mort dans une misère noire.
Conter cette fin de cabot est chose horriblement lamentable. L'homme au menton bleu
a expiré sur un lit d'hôpital, après s'être dé-
battu dans une malheureuse chambre d'hôtel
garni, où il vivait avec sa filette et son garçon.
La maîtresse du logis — brave femme comme

les infortunés en rencontrent parfois — avait
accordé « des facilités » à ce cabotin misérable qui courait le cachet, acceptait des
pannes et travaillait quand il le pouvait.
Dans ce métier-là, quand on est déprécié,
c'est fini. Il faut crever de faim, suivre les
tournées hasardeuses au milieu desquelles
l'*impresario* laisse sa troupe en plan, à la
grâce du public et de messieurs les agents
consulaires, ou accepter des engagements
à 250 francs par mois dans quelque bouiboui
désert, où il souffle de la faillite et où il pleut
du papier timbré. Gabel, qui avait fait rire
tout Paris dans le duo des hommes d'armes
de *Geneviève de Brabant*, dut passer par
cette triste destinée. Il avait tiré un mauvais
numéro à la grande loterie.

Ce comédien sans engagement vivait donc

en tristesse amère. Souvent ses enfants restaient, comme des bêtes en cage, au chenil paternel, parce qu'ils n'avaient pas de
souliers. Du moins l'enfant du paysan peut-il
courir pieds nus sur les routes et se rouler
dans les fossés! Les petits s'étiolaient dans ce
bouge, et le père battait le pavé de Paris, sou-
pant souvent sans doute d'un bitter ou d'une
Pernod offerts par un camarade. L'heure de
l'apéritif dans un café du boulevard est le
moment du rendez-vous des comédiens. Au
café de Suède, on voit des triomphateurs
étaler en hiver leurs pelisses de fourrure à
côté des minces ulsters de camarades sans
emploi, qui viennent se faire payer une verte
et qui entraînent dans un coin sombre un des
Crésus qui trônent pour quémander ou une
chaude recommandation ou même une pièce
de cent sous... Le café est en quelque sorte
la petite Bourse du comédien.

Je ne sais quel homme fut ce Gabel. Peut-

être était-ce un excellent camarade et peut-
être un méchant bougre. Tout ce que je veux
retenir, c'est que ce pauvre homme fut presque célèbre, eut son quart d'heure de succès
et rata tout de même le coche. Son histoire
n'appartient pas au roman comique, mais
bien au roman tragique. Nous sommes parfois bien durs pour ces comédiens dont l'existence paraît si heureuse. Voyez pourtant dans
quels lamentables dessous sombrent certains
d'entre eux.

Gabel fut de l'époque où l'opérette demandait de l'excentricité, de l'imprévu et de
l'originalité. On voulait de la bouffonnerie et
de l'abracadabrance. On exigeait de l'inédit.
Les petits théâtres ne louaient pas leurs fauteuils plus cher que ceux de la Comédie française. Les comédiens se contentaient de peu

de chose, et les comédiennes de moins encore.
L'acteur qui chanterait aujourd'hui le duo des
Hommes d'armes recevrait demain des offres
de Brasseur, de Mme Ugalde et de Bertrand.
A cette époque, on avait sous la main tout un
peuple de comiques. La cocasserie était mal
payée.

Paris a fredonné le duo de *Geneviève de
Brabant*, et ce quart d'heure de gaieté que
Gabel a donné à la grande ville ne lui a valu
ni gloire ni profit. On considéra ce comparse
comme drôle, et ce fut tout. Gabel roula de
théâtricule en théâtricule, subit les faillites
de ses directeurs, resta souvent sans travail
et, quand l'âge vint, ce fut alors la fin de la
fin.

Il y a des comédiens qui sont voués toute
leur vie à cette existence ingrate et dure, qui
ne réussissent point à s'élever, à se faire
prendre au sérieux et qui sont condamnés
aux besognes secondaires du théâtre. Ils vé-

gètent à côté de camarades qui absorbent le
succès et l'argent sans toujours les valoir. Ils
ne peuvent rencontrer une occasion de se
produire et de se faire jour. On les a sacrifiés
sans appel.

Plus le théâtre s'éloigne de l'art et tourne
au métier et plus le comédien devient heureux. De vieilles chanteuses d'opérette, qui
n'auraient pas été reçues il y a vingt ans
dans un café-concert gagnent assez d'argent
pour pouvoir jouer, s'il leur plaisait, à l'honnête femme. La banlieue est couverte de cot-
tages où vivent paisiblement des comédiens
très dodus dont les femmes veillent au
ménage, et qui achètent de la rente. On en
arrivera, dans le monde des théâtres, à considérer les magistrats comme des espèces de
bohèmes.

Le comédien, absorbé dans le souci de ses placements et les labeurs du jardinage, met trois mois à *creuser* un bout de rôle et deux heures à repliquer ses laitues. La laitue presse... Le théâtre a le temps d'attendre. Le théâtre n'est plus une passion qui absorbe ; le théâtre n'est plus qu'un bureau où l'on travaille à heure fixe. Il n'y a pas d'êtres plus processifs que les comédiens. Quand ils ont fait noircir du papier timbré, il s'estiment sérieux en affaires et ont hâte de prouver qu'ils sont toujours à cheval sur leur droit.

Gabel n'y mit pas tant de malice. Il vécut au jour le jour, accepta des engagements sans réclamer des garanties, parut même, si je ne me trompe, dans des cafés-concerts et lutta jusqu'au jour où la misère et la maladie mirent un terme à ses souffrances.

On dit que l'Orphelinat des arts prendra soin de la fille de ce malheureux. Il est juste que les fourmis se chargent des héritiers de cette famille de cigales dont le père aurait voulu pouvoir chanter tous les soirs des airs d'opérette. La fillette au moins sera casée et saura combien il est doux de manger à sa faim et de dormir dans des draps blancs. Elle se trouvera là avec d'autres enfants semblables à elle, qu'une intelligente association, œuvre d'une femme de cœur, met à l'abri de la misère et prépare à l'existence. La société a payé sa dette à l'Homme d'armes de *Geneviève de Brabant* en lui donnant un lit d'hôpital. Ses camarades lui payeront sans doute la leur en élevant l'enfant qu'il a laissée sur terre sans protection et sans appui.

Quant au fils du comédien, il est âgé de quatorze ans, et on ne dit pas ce que l'on fera pour lui venir en aide. Il paraîtrait que cet

enfant a déjà figuré quelque part... Quel début que celui-là !

L'artiste, en quelque genre qu'il se ma-
nifeste, ne travaille pas pour son seul plaisir
ou son seul profit. Il offre au public le résultat de ses efforts, et le public lui doit bien
quelque chose pour cela. Le comédien ne
joue pas pour le caissier, le journaliste n'é-
crit pas pour M. l'administrateur, et le romancier n'achève pas son œuvre dans la
seule pensée d'émarger chez son éditeur. De
l'effort au salaire il y a souvent un écart.
C'est cet écart que le public doit combler,
car il n'a pas tout fait lorsqu'il a payé son
fauteuil d'orchestre, son numéro de journal
ou son volume à trois francs cinquante.

Voilà pourquoi la mort de ce Gabel mérite un commentaire en même temps qu'un

effort de compassion. Voilà pourquoi il importe que ceux qui en ont la charge la plus
directe veillent au présent et à l'avenir des
enfants de cet homme qui n'a pu faire pour
eux ce qu'il eût, sans aucun doute, ardem-
ment souhaité. J'espère, d'ailleurs, qu'en
cette occasion tout le monde fera son devoir.

En présence de cette fin lugubre d'un
homme qui a été très mal payé pour faire
rire les autres et qui était forcé d'être gai
lorsqu'il n'y avait pas de pain chez lui, on
se sent de l'indulgence pour cette race cabo-
tinante, malgré ses intolérables défauts, ses
susceptibilités grotesques, ses fiertés dispro-
portionnées. Quand on en rencontre certains
qui passent par de telles épreuves, on est
tenté d'excuser l'outrecuidance de ceux qui
ont réussi et dont le ventre n'est pas vide.

Quel métier sans nom que celui-là où tout n'est qu'aventure et loterie.

Et je sens un léger frisson, je l'avoue, à la pensée de ce garçon, de cet enfant de la balle qui a marché sur les planches à quatorze ans et qui a le courage de les affronter, sachant l'existence que le métier a value à son père et la fin misérable qui l'attendait.

LES FRÈRES LIONNET

Ce nom fait froid... Il vous fait remonter à des époques lointaines, au Ranelagh, au boulevard de Gand, à Frédérick. On retombe dans les pantalons à pont, le bolivar, le théâtre de Madame, les Frères Provençaux et le Rocher de Cancale. Les jeunes gens sont riches avec 12,000 livres de rente, et les jeunes modistes du passage du Saumon se laissent *lever* pour un bouquet de violettes de deux sous. Bouquet de violettes de deux sous, où as-tu perdu ton antique magie?

On loue des cabriolets et l'on va à l'Opéra avec un faux nez. Sainte-Beuve, encore gaillard, écrit la vie de Gavarni en pleine verve et signale Charles Monselet qui débute. Les

Goncourt compulsent, annotent, dessinent et bibelotent. La cuisine du café Anglais est dans son triomphe. Les grandes courtisanes n'ont pas disparu, Banville rime des odes funambulesques en l'honneur de Caroline Assé. Cora Pearl, au lieu d'écrire ses Mémoires, fait payer ceux de ses fournisseurs par les princes de la vie parisienne, et les hommes gardent leur chapeau à la main quand ils parlent à une femme dans la rue.

Les Lionnet furent... Ils ont leur légende et leurs adorateurs. J'ai un vieil oncle qui se tape sur les cuisses toutes les fois qu'il parle de la chanson de Carcassonne, et j'affirme, sans les avoir entendus, que dans leur jeune temps ils ont mieux valu que M. Paulus.

Ils ont introduit partout, dans les salons et aux Tuileries, la chansonnette. Ces beaux temps-là sont passés. Leurs airs étaient faits pour nos grands'mères. Ils n'ont plus assez de montant pour nous !

A Paris, la mode est éphémère et les mêmes plaisirs ne font qu'une saison. On est revenu aux tables tournantes et l'on en est aujourd'hui aux bouts-rimés. Des femmes sont même allées jusqu'à reprendre l'odieux album sur lequel on vous demande une belle pensée, si bien qu'il n'y a pas un homme de lettres qui entre dans un salon sans avoir une belle pensée sur lui !

Les Lionnet étaient des malins, et ils le savaient... Voyez-vous ! — comme dans la *Belle fille de Parthenay.* Alors, ils changèrent de métier et ils se firent enterreurs. Ce qu'ils ont usé de gants noirs est phénoménal. Mais la presse ne les lâchait pas et l'opinion publique haletait. Il y a de simples chefs de bureau qui les ont priés d'assister aux obsèques de leur femme, et les Lionnet se dérangeaient. Ils avaient une voiture au mois... une voiture des Pompes funèbres.

Les maîtres des cérémonies (messieurs de la
famille, quand il vous plaira !) leur serraient
la main discrètement à l'arrivée, en leur disant : « Ce sera très beau ! Nous aurons Talazac et Giraudet... » Les deux frères avaient
un frissonnement : « Pourquoi, se disaient-
ils, ne proposerions-nous pas à la famille
quelque chose de gai et de consolant pour
l'Élévation ? » Et on les entendait fredonner
en sourdine le refrain du *Dieu des bonnes
gens*.

J'ai connu des gens sérieux qui ne pouvaient trouver dans leur journal un compte
rendu de funérailles sans parier entre eux la
présence des frères Lionnet. Plusieurs membres de la Société des gens de lettres ont failli
les écharper parce qu'ils avaient raté le con-
voi d'Alfred Assolant. Les croquemorts bou-
gonnaient et ne voulaient point déguerpir.
Ils répondaient à chaque invité : « Nous les
connaissons. Vous verrez bien qu'ils vont

venir ! » Tout le personnel de la maison
Dubois était aux fenêtres, guettant leur voiture noire. Anne, ma sœur Anne, ne vois-tu
rien venir ? clamaient les hommes à chapeau ciré. Et les « sœur Anne » ne voyaient
rien que la poussière qui poudroie et le Faubourg qui ne verdoie pas. Les Lionnet n'arri-
vèrent pas. Ce fut une journée atroce...
Quand un artiste meurt oublié, on ne dit
plus de son enterrement qu'il manquait
de prestige, on dit : « Ça manquait de Lionnet ! » Alfred Assolant, qui eut la guigne
toute sa vie, l'eut jusqu'au tombeau. Le soir
même, au retour du charnier, les croquemorts, qui partent toujours noirs et qui re-
viennent généralement gris, vinrent monter
un boucan aux Ménechmes-chanteurs, et les
Lionnet, pour la première fois, rougirent et
connurent le remords. Ils retournèrent la
collection glorieuse de leurs autographes
contre les murs de leur appartement et ils

s'attrapèrent, — semblables aux vers classiques et aux bœufs :

L'un disant : « Tu fais mal ! » et l'autre : « C'est ta faute ! »

Jamais ça ne leur était arrivé ! Ils se re-
gardèrent, anxieux, hagards, tout angoissés
dans leur doute. A quoi étaient-ils bons,
puisqu'ils avaient oublié Assolant ? Ils étaient
fichus, plus que ça, f...us... Oui, f...us !
Alors ils réfléchirent ; ils eurent ensemble,
après avoir compté une mesure pour rien,
cette pensée juste mais cruelle : se retirer des
pompes funèbres et donner leur représentation d'adieux. Et ils l'ont donnée... Ils avaient
rêvé d'abord le Père Lachaise, ils s'en tiennent au Trocadéro.

Quand on aborde la question des Lionnet,
on ne peut pas laisser dans l'ombre le point
noir.

D. — A quoi les distinguait-on ?

R. — On ne les distinguait pas.

Un soir, je dînais en tête à tête avec Paul Arène. Un des Lionnet arriva. Il s'assit à une table voisine et la conversation s'entama. Après le dîner, on se quitta. Paul Arène et moi, nous allâmes de notre côté, le frère Lionnet du sien. Arène s'embêtait. Il me racontait des histoires sur son voyage de Tunisie... et je ne l'écoutais pas.

— A quoi rêvez-vous donc ? me demanda-t-il.

Je rougis en lui répondant :

— C'est que je cherche si c'est avec Hippolyte ou avec Anatole que nous venons de dîner.

Arène devint pâle comme un linge.

— Mais sapristi, balbutia-t-il, je ne le sais pas plus que vous... Et ça me chiffonne.

— Avez-vous remarqué qu'il avait une sorte de petite verrue au coin des lèvres ?

— Parfaitement ! C'est un signalement, ça... Allons vite aux informations.

Nous trouvâmes d'abord Carjat.

Il l'avait su en 1867... Maintenant, il avait oublié. Il se donnait du mal, il cherchait : « Voyons ccite petite verrue. Je crois bien que c'était Anatole ; pourtant... » Il était évident que Carjat barbotait dans le petit bain, il fallait chercher autre part.

Nous nous adressâmes au monde des théâtres. Sarcey nous éclata de rire au-nez, Prevel était à Monaco, Thérésa fit tourner une table et évoqua l'ombre de Papavoine ; Besson nous offrit deux entrées pour Bullier. C'était maigre comme résultat !

Nous commencions à désespérer, lorsque Paul Arène s'écria :

— Nous sommes sauvés. Voilà Pothey !

Pothey ne savait pas non plus.

Tout à coup, je crus avoir une idée :

— C'est tout simple, fis-je. Allons le leur demander !

Pothey me regarda tragiquement.

— Jeune homme, me dit-il d'un ton que je n'oublierai jamais, il y a longtemps qu'ils l'ont oublié dans un accident de chemin de fer !

On a dit que les frères Lionnet étaient toujours ensemble. C'est faux. Anatole fut du Caveau et Hippolyte n'en fut que plus tard. Eugène Grangé l'accueillit sur l'air de *C'est le gros Thomas !*

Au Caveau, pourtant,
Lorsque l'un d'eux était des nôtres,
, L'autre, résistant,
N'était pas de nos gais apôtres.
« Pourquoi disait chacun,
N'en possédons-nous qu'un ?
Anatole sans Hippolyte,
C'est saint Roch sans son... acolyte. »
Et l'on s'étonnait
De n'avoir qu'un Lionnet !

10

Ce temps a pris fin
Et dans ce joyeux Capitole
Hippolyte enfin
Siège aujourd'hui près d'Anatole.
Avec lui de niveau,
Le voilà du Caveau.
Notre phalange chansonnière
A réuni sous sa bannière
Et sur son carnet
Les deux frères Lionnet !

Au fond, les frères Lionnet en furent toujours tous les deux... Anatole s'était fait inscrire tout seul, mais, certains soirs, Hippolyte le remplaçait. Personne ne s'en aperçut. Quand ils eurent assez de cette mystification, Hippolyte se fit inscrire,

Et tout enfin rentra dans l'ordre accoutumé.

Ces deux braves frères, qui ont eu une très grande vogue, se retirent donc après avoir fourni une longue carrière dans laquelle ils se firent aimer de tout le monde. Notre spirituel confrère Émile Blavet a conté

par le menu l'histoire de leur cœur et de leur
bonté. Cela mérite assez de considération
pour que la blague s'arrête à mi-chemin. Les
artistes, qui les ont trouvés toujours prêts,
ont été prêts à leur tour à les entourer dans
leur représentation d'adieux, et l'on a été
obligé de refuser du monde à la location.
C'est alors qu'ils se sont écriés, dans un élan
sublime : « A quoi ça nous sert-il d'avoir en-
terré tant d'amis, puisqu'il nous en reste encore trop ! »

COMÉDIENS EN TOURNÉE

Ils sont partout, sur les falaises, au fond des golfes, dans les vallées et sur les monts, propageant la bonne parole, la bonne parole d'Offenbach et de Lambert Thisboust, révélant aux foules les plus diverses les beautés du *Mariage aux lanternes* et de *Tant va l'autruche. à l'eau...* ou de *l'Homme n'est pas parfait.* Ils occupent les scènes d'été et s'emparent des casinos. Les imprimeries locales composent des affiches mirobolantes, qui apprennent aux populations désœuvrées qu'elles vont recevoir dans leur sein :

M. COQUELIN CADET

de

LA COMÉDIE FRANÇAISE

Mlle PRESTIGIA
du
CHATELET

M. JULES
de
L'ODÉON

Et les populations ont la fièvre, les indigènes enthousiasmés s'excitent, les foules frémissent devant le guichet de la location. On sait que le spirituel M. Coquelin dira *le Cheval* et *Un jeune homme blême*, deux bijoux, deux perles, dont il touche les droits d'auteur. Et l'administration du beuglant, qui doit donner cette petite fête littéraire, frémit en songeant à la fragilité de ses banquettes... Ce qui est un régal médiocre à Paris devient le *nec plus ultrà* à Fécamp ou à Paramé. Mlle Ugalde passe déesse à cent lieues d'ici, et la présence de Mme Théo suf-

firait pour affoler le département de la Man-
che où celui du Calvados.

Les artistes de nos grands théâtres vont
faire ainsi, tous les étés, de véritables ven-
danges de lauriers. On les acclame, on les
cajole, on leur offre de vieux vins, et ils
s'offrent parfois de vieilles femmes. C'est la
gloire, la joie, la bamboche ! Oh ! le bon métier que celui du comédien célèbre en tournée ! Son prestige est tel qu'on le couvre
d'or pour avertir l'Europe étonnée, par
l'intermédiaire des journaux, de sa présence
sur les scènes les plus invraisemblables de
stations balnéaires inconnues. Il donne aux
plages ignorées l'estampille du *pschutt*. Il
rehausse la *respectability* de casinos où les
grecs pelotent la dame du comptoir en atten-
dant de peloter la forte partie. Il attire des
passages de grues et des légions d'Anglaises
sentimentales. Il trône sur le galet et ponti-
fie devant la lame.

La tournée n'est pas toujours fantaisiste. Elle consiste souvent en un voyage commercial à travers les sous-préfectures d'une région, On exploite un des derniers succès de l'année. Cette entreprise est le fruit de l'intelligente association d'un impresario et d'un comédien illustre. On recrute les artistes parmi les cabotins sans emploi qui fréquentent les cafés des environs de la porte Saint-Denis et parmi les petites dames à voix de vinaigre qui ont le prétentieux désir de laisser un durable souvenir de leur complaisance à messieurs les habitués du café du théâtre.

Ce roman n'est pas comique. On débite les *Cloches de Corneville* sur tous les marchés de France, de même que l'on débiterait du cirage végétal ou de la sardine de Nantes. La troupe est précédée d'un fourrier qui prépare le logis. On ne pose nulle part. Souvent, on dort en chemin de fer, ce qui force les verts-galants de chef-lieu d'arrondissement à courir bien loin pour goûter un plaisir éphémère. Quand la tournée est mauvaise, l'impresario, lassé de dilapider vainement ses fonds, lâche parfois ceux qu'il a appelés ses enfants et les laisse en panne, oubliant de leur payer les modestes appointements qui leur sont dus. Les hommes ne savent à quel diable se vouer. On a vu des femmes profiter de l'occasion pour se marier. Les duègnes épousent généralement des maîtres de pension devenus veufs. Les jeunes premiers cherchent des lapins. La Dugazon tente de se faire ouvrir un œil large comme celui de la Providence chez le limonadier du crû. La *prima dona*, dans les villes de garnison, affiche tout de suite ses préférences pour les officiers de cavalerie. Le financier et le père noble, gens d'un placement difficile, reçoivent d'une munici-

palité économe 10 centimes par myriamètre
et une paire de souliers *à clous* — dérision
des dérisions ! — pour rentrer à l'hôtel
Brady.

Mais si la tournée réussit, les juifs errants
de la rampe marchent sans s'arrêter jamais.
Ils dorment sur les banquettes des wagons et
dans les fauteuils des salles d'attente. Ils
jouent dans des théâtres abandonnés ou dans
des granges. Leurs décors sont trop grands
ou trop petits, trop étroits ou trop larges.
Parfois, l'azur du ciel semble raser la scène,
Parfois l'appui de la fenêtre se perd dans le
plafond. Ils tombent tantôt sur des indigènes
qui les acclament et tantôt sur des peuplades
rebelles qui sacrifieraient l'espoir du cidre
de l'année à la joie de reconduire avec des
pommes cuites des gens qui viennent leur
parler argot et blaguer en langue boulevar-
dière les choses qui leur sont chères.
M. Dupuis, des Variétés, le grand, l'illustre

M. Dupuis, a rencontré lui-même des terroirs indomptables et des salles armées de sifflets.

Certains casinos ont des troupes attitrées, engagées pour la saison. L'orchestre fait danser, et exécute les partitions — exécute est le mot qui convient. — Les artistes jouent tous les soirs, sans emploi particulier, au petit bonheur, selon les exigences du spectacle. Le ténor est exposé à interpréter le lundi la *Traviata* et le mardi le *Voyage en Chine*. Il va du *Trouvère* à la *Périchole* avec une égale facilité. Quand il ne joue pas, il étudie, à moins qu'il ne répète. C'est une formidable consommation de croches et de doubles croches à laquelle il est condamné. On ne ne lui laisse ni trêve ni loisir. Il prend son bain en repassant l'air qu'il chantera le soir. *Tralala!* chante-t-il en piquant sa tête.

Troulou-lou ! reprend-il en sortant des flots
qui l'avaient dérobé un moment à la curiosité des dames. Et le soir, à la table d'hôte, il
fredonne encore entre deux bouchées de veau
bourgeoise une ariette ou une romance.

Le directeur du petit casino a toutes les
ambitions. Il est affligé de la marotte du
grand art. Il attend toujours un comman-
ditaire pour monter à Paris un théâtre lyrique et, sous ce prétexte, bassine formida-
blement les baigneurs, en leur fourrant de
force des partitions italiennes torturées par
des chanteurs auvergnats. S'il lui tombe un
critique musical sous la patte, le directeur
le retient insidieusement à souper. Il le grise
de champagne frelaté, le traite de maître et
lui arrache au dessert une dépêche enthou-
siaste pour son journal :

« Casino de Grasville, Représentation de
Lucy, superbe. Maestro Pochardi acclamé
et traîné sur la scène. Mme Coquini ense-

velie sous les fleurs, Rappels, Ovations. Délire ! »

Ces braves cabotins en représentations dans les petits ports de mer vivent par économie chez des pêcheurs plus riches qu'eux. Ils mangent le même pain, apprennent à faire du filet et donnent aux marins la funeste vocation du théâtre. Il y a des fils de pêcheur qui vous chantent : « Je regardais en l'air » et qui ont retrouvé le secret perdu du *gnouf-gnouf!* Je ne trahirai pas les noms des « Belle Hélène » et des « Grande Duchesse » que j'ai surprises sous le chaume du pêcheur, savonnant leurs bas de soie ou reprisant leur peplum. L'art a des mystères qu'il faut respecter.

Le Parisien, en se déplaçant, a déplacé le théâtre avec lui. Le Parisien ne peut pas

plus se passer de toiles de fond que M. Ohnet
de fautes de grammaire. Il a inoculé son
goût à la province et à l'étranger, si bien
que le seul commerce d'importation qui prospère encore en France est celui de l'opérette
ou de la pièce à sensation.

Les éléphants du *Tour du Monde* ont
récolté à travers l'Europe autant de lauriers
que les frères Coquelin. Et cependant
M. Coquelin aîné ne se mouche pas du pied.
M. Coquelin, partant pour la Russie à la tête
d'une tournée, s'était offert pour lui seul un
wagon-salon. La Patti, en Amérique, voyage
par traité dans un wagon spécial, avec son
piano à queue et M. Nicolini. On orga-
nise même des chasses pour l'heureux
M. Nicolini, quand il lui reste, entre deux rou-
lades, le temps d'exterminer une bécasse.
Ce métier est fait d'heur et de malheur. Le
comédien, qui a pour la considération une
forte toquade, chemine tantôt en Empereur

tantôt en héros de Scarron. Il n'y a pas de
milieu pour les mentons bleus. Les uns
reçoivent sur le dos des pluies de fleurs, les
autres des avalanches de gros sous. La tournée, qui poudre d'or les étoiles, roule les
pauvres cabotins comme des épaves. Ils laissent, à ce triste métier, des dettes dans les
auberges et des enfants un peu partout,
pendant que la presse locale parle encore,
au bout de six semaines, des triomphes de
Mlle Victorini, du Théâtre-Italien de Paris (?),
et du « trop court » passage de M. Casimir,
du Vaudeville, qui disait, comme Saint-Germain lui-même, le *Monsieur en habit noir*.
Elle est bien mélancolique, cette gloire qui
affame sûrement son homme.

LE DINER DE COQUELIN

Avant de quitter Paris, M. Coquelin aîné a été l'objet d'une ovation de ses fidèles, qui lui ont offert à dîner. Lorsque Gambetta avait quelque chose d'important à dire à la France, ses amis lui organisaient un banquet, et le grand orateur se levait au moment où le champagne coulait dans les coupes. M. Coquelin aîné se sert du même moyen pour nous faire connaître ses petites idées. On puise toujours d'utiles leçons à la fréquentation des grands hommes.

Parisis, du *Figaro*, et Tout-Paris, du *Gaulois* ont bien voulu lui servir de cornacs, et nous savons dès maintenant à quoi nous en tenir. M. Coquelin prétend qu'il fera le

coup que M. Delaunay n'a pas réussi. Que
M. Delaunay soit un rateur, cela n'étonnera
nullement ceux qui l'ont rencontré à la ville.
L'ex-comique de la Comédie est persuadé,
quant à lui, qu'il sera plus heureux que son
camarade le jeune premier. Ceci reste à considérer.

Oui, ceci reste à considérer, car il faut
qu'on nous éclaire sur l'édit de Moscou. Cet
édit n'est pas abrogé. Mais, bien qu'il soit
toujours en vigueur, viendra-t-on nous soutenir qu'il existe quand il est favorable à
MM. les comédiens et qu'il n'est plus que
lettre morte et « bon à mettre au cabinet »
dès qu'il fait obstacle à leurs petites combinaisons. Je prie les amis de M. Coquelin de
nous prouver que la comédie est un moulin
où l'on entre et d'où l'on sort à sa guise.
S'ils ont des arguments, qu'ils les fournissent.
S'ils ont des textes à l'appui de leur thèse,
qu'ils les publient. Pour moi, d'accord en cela

avec le public, je ne reconnaîtrai jamais à
M. Coquelin le droit de se mettre au-dessus
des règles, sous prétexte qu'il a du talent. Ce
n'est pas non plus la théorie de M. Jules
Claretie, qui veut qu'il n'y ait qu'une règle
pour tout le monde et qui entend maintenir
son autorité.

En dégustant un verre de chartreuse,
M. Coquelin a pu dire — pour qu'on le ré-
pétât — qu'il était une noble victime, qu'il
s'en allait bien malgré lui, mais qu'il nous
reviendrait pour rentrer même à la Comédie
française, — si la Comédie voulait bien le reprendre. Que signifie cette plaisanterie?

A l'heure présente, personne n'ignore que
M. Coquelin a repoussé toute tentative de
conciliation. L'administration avait épuisé
tous les moyens pour le retenir. Elle n'a pu
le détourner de ses projets. Il a fait tout ce
qu'il a voulu et maintenant qu'il part, il nous
apprend qu'il désire reprendre le poste qu'il

a volontairement déserté. Il a eu le temps nécessaire pour se décider; mais, comme cela
ne l'a pas empêché de commettre une lourde
gaffe, il veut la rejeter sur ceux qui n'en
sont pas responsables. En vérité, le procédé
serait trop commode !

Il est certain que l'ancien comique de la
maison de Molière a raison de se mordre
les pouces qu'il a mis trop tôt à une affaire
d'où il ne sort pas le bon marchand. Cela
ne nous regarde pas, malheureusement pour
lui. Si ce comique qui veut jouer les enfants
prodigues avait le plaisir de faire tuer le
veau gras à son retour, ses camarades Got,
Mounet et Maubant,qui rendent à la maison
des services aussi grands que les siens,
seraient en droit de réclamer les mêmes privilèges et se mettraient en tête d'exiger les
mêmes privilèges.

Le Théâtre-Français place ses comédiens dans des conditions exceptionnelles. Ils sont à la fois les enfants et les associés de la maison. Elle leur donne tout. En retour, elle réclame tout. Ce n'est que justice. Ils doivent rester sur leurs planches comme un officier de marine à son banc de quart, — et c'est beaucoup moins périlleux. L'amiral Courbet, qui gagnait quatre fois moins d'argent qu'un Scaramouche aimé des foules, avait beau sentir ses forces s'en aller et comprendre qu'il perdrait la vie sous un climat malsain, jamais il n'aurait eu l'idée, pour se remettre, d'aller jouer les amiraux en Suisse pendant une année, quoique l'air pur des montagnes lui eût rendu la santé. Il y eût également trouvé la fortune.

Vous pouvez être certains en effet du succès qu'il aurait obtenu s'il avait consenti à planter son pavillon sur un des steamboats qui promènent les Anglais sur les lacs bleus

de l'Helvétie. Il est probable que ce sentiment du devoir qui existe communément
dans l'âme du soldat n'est qu'une pure niaiserie aux yeux de M. Coquelin aîné et que,
pour lui, les engagements pris cessent d'être
valables alors qu'il s'en présente de beaucoup plus avantageux. Bien que l'administration de la rue de Richelieu lui ait toujours
été douce, bien qu'on l'ait comblé de rôles
ajustés à sa taille, bien qu'on ait favorisé les
auteurs qu'il protégeait, bien qu'on lui ait
même laissé tenter des créations complètement en dehors de son emploi et de ses
moyens, bien qu'il eût eu toute facilité de
donner des représentations en province, M.
Coquelin se sentait encore malheureux. On
n'a pu ni le contenter ni le calmer. Tout
cela n'était pourtant qu'un jeu, puisque
M. Coquelin, redevenu maître de sa destinée,
a déclaré à ses amis de la dernière heure que
sa joie suprême serait de rentrer dans ce

théâtre où il a eu tant à souffrir de l'injustice
àdministrative, et qu'il voudrait même voir
son fils, M. Jean Coquelin, y débuter à sa
suite. A la bonne heure ! voilà ce qui s'appelle parler clairement.

Cherche qui voudra à dévider cet écheveau !
Moi, j'y renonce... Je ne me chargerai pas
d'expliquer comment ce même M. Coquelin
peut exprimer le désir de rentrer à la Comédie après avoir crié à plein nez qu'il y avait
été abominablemeut torturé. Ce qui dépasse
les bornes, c'est qu'il prétende imposer le
même supplice à son fils. Quand Décius s'est
jeté dans le gouffre, il ne s'y est jeté qu'avec
son cheval. Si on lui avait demandé de s'y
précipiter avec son fils, tout me porte à croire
qu'il y eût regardé plus longtemps. Le subit
amour de Coquelin pour la Comédie peut

11.

donc passer pour une de ces énigmes que
les journaux publient hebdomadairement à
la grande joie de leurs abonnés.

C'est une jolie imprudence de la part de
cet artiste. J'imagine que M. Claretie va profiter des tournées de M. Coquelin pour le
remplacer immédiatement. Pendant que le
comédien capricieux désapprendra son métier et cessera de travailler, d'autres auront
le temps de se former et de le faire oublier.
Ce sont principalement les jeunes gens qui
vont au théâtre, et ils ne se livrent pas à des
comparaisons où le passé a presque toujours
raison parce que nous avons un intérêt secret
à le préférer aux hommes et aux choses ac-
tuelles.

En tous cas, il était maladroit de jeter le
masque aussi vite pour nous révéler des projets qui ne justifient que trop les conjectures
qui étaient nées du départ de M. Coquelin.

La Comédie française tomberait au-dessous

du niveau du dernier bouiboui si elle laissait de tels actes se produire impunément. Si elle ne pouvait faire respecter ses règlements que par les doublures et les utilités, l'État serait obligé d'en fermer les portes. Ses étoiles seraient toujours en congé et en représentations, de sorte que l'administration ne payerait les comédiens à ses gages que pour leur donner le droit d'aller s'enrichir chez des directeurs qui leur offriraient d'énormes cachets.

Cette conception, qui sourit à M. Coquelin, appartient au pays des chimères. Un sociétaire de la Comédie gagnant facilement de trente-cinq à quarante mille francs, il me semble que ce sont là des appointements qui permettent un peu de désintéressement.

Si quelque chose peut nous consoler de la rapacité d'un artiste qui brise des engagements inviolables, abandonne sa maison et sa ville, rompt avec un public qui l'admirait de confiance, c'est le spectacle de tant de braves gens qui se contentent de maigres salaires pour remplir un dangereux devoir.

Le premier petit sous-lieutenant venu, en mourant, parfois sans gloire pour lui-même et sans profit pour la France, ne fait pas d'amères réflexions sur l'exiguïté de sa solde. Le pompier, qui se risque à travers les flammes pour leur arracher un enfant nouveau-né ou une vieille bien près de la tombe, ne demande pas à son colonel : « Au moins, y a-t-il une prime au bout ? » Le gardien de la paix et l'agent de police qui bataillent contre les escarpes qui viennent piller nos maisons ne s'inquiètent pas de savoir s'ils auront une bonne récompense. Il y a des gens qui possèdent la notion du devoir, tandis que d'autres ne l'ont pas. Voilà tout.

Qu'attendait-on de M. Coquelin, qui ga-

gnait de l'argent et qui était fêté de tous ?
Qu'il conservât les belles traditions de notre
art comique, qu'il nous fît connaître la fleur
de notre répertoire classique, qu'il fît valoir
sur la première scène du monde, à laquelle
il s'était *volontairement* attaché pour la vie,
les plus fortes productions de notre littérature
dramatique.

Eh bien non ! M. Coquelin n'a pu ni remplir ses engagements ni se plier à la discipline commune. Entre le devoir professionnel
et l'intérêt il n'a pas hésité une minute.

Qu'il poursuive donc la voie périlleuse dans
laquelle il s'est hasardé ! Sa rentrée à la Comédie ne serait qu'un acte de faiblesse ridicule
de la part de l'administration. Elle ne peut
le faire et ne le fera pas. Ce sera un avertis-
sement pour ceux qui remplaceront demain
M. Coquelin et qui pourraient avoir l'ambition de l'imiter dans sa chasse aux écus.

Tant que l'édit de Moscou existera, il im-

porte qu'il soit appliqué à la lettre. Si les
artistes de la Comédie française protestaient
contre ses rigueurs, cela prouverait tout au
moins leur manque de patriotisme, leur cupidité et leur esprit d'indiscipline. M. Clarétie
a tenu la seule conduite qui fût digne et possible. Il a défendu son droit strict si bien
qu'après deux épurations, qui ont dû calmer
bien des caprices, la Comédie n'aura plus que
des serviteurs dévoués qui travailleront à sa
grandeur et qui en tireront ainsi quelque
gloire et pas mal de profit. Ceux que cette
perspective n'attire pas s'en iront, mais ils
ne trouveront pas beaucoup de bonnes âmes
pour les plaindre.

LA DÉESSE AUX TRÉTAUX

Le directeur du théâtre national des Privautés nous en prépare en ce moment « une
bien bonne ». Depuis que les comédiennes de
profession ne gagnent plus leur pain quotidien, les Parisiens ont été habitués à les voir
remplacées par des filles de joie qui, dans tous
les rôles, apparaissaient sur la scène vêtues
d'un costume uniforme. Ce qui distingue
en effet la prostituée de la comédienne, l'élève de la grande proxénète de l'élève du Conservatoire, c'est que la prostituée, qui sait
admirablement se déshabiller devant un monsieur riche et du meilleur monde, ignore
absolument l'art de se vêtir pour paraître
devant des amateurs de théâtre. Qu'elle soit

odalisque, pêcheuse napolitaine, paysanne cauchoise, gitana, soubrette Louis XV, elle ne' saura jamais avoir l'air que d'une devanture de bijoutier, et ces stupides rastaquouères femelles de l'immonde et vénale débauche étalent sur les planches leurs girandoles, leurs rivières, leurs bracelets et leurs anneaux, de même que les rastaquouères de la politique exhibent dans les salons ébahis la plaque du *Nichon de la reine de Saba* et les insignes de l'*Eléphant vert du Palus Méotide*. Le directeur du théâtre des Privautés, qui est une bonne tête, a trouvé mieux que ces attractions usées jusqu'à la corde. Espérer faire venir des grelotteux pour regarder sur les planches une dame qui a son *five o'clock* chez plusieurs entremetteuses de la capitale, c'est tout bêtement de l'enfantillage. On nous assure que nous allons enfin voir une vraie femme du monde sur le théâtre des Privautés.

Oui, dans ce bouiboui bâti en plein boulevard, une femme du monde montera sur les planches pour faire les lendemains de quelque Théo ! Le mari de la femme du monde en question a été ruiné par la beauté de celle à qui il avait donné son nom. C'est comme de l'honneur, cette ruine ! Alors, que va faire cette femme — belle au point qu'on la disait sage ! — sur des tréteaux salis par le vice et l'industrie des courtisanes ?

La pauvreté serait-elle infâme ? Oh ! comme on voit à travers les phases de cette tragi-comédie la misère du mariage moderne ! Ce que le vice ne flétrit pas, la vanité le gangrène...

La fameuse femme du monde a hésité. Donnerait-elle des leçons de chant ? Serait-elle diva d'opérette ? Et l'alouette qui pouvait chanter au soleil va poser ses petites pattes sur des tréteaux englués de boue... Elle qui fut l'orgueil des salons avec une

demi-douzaine de femmes choisies, elle devant qui s'inclinait le peuple des attachés
d'ambassade, des sous-préfets, des secrétaires
de ministre, elle qui jouissait de l'admiration
publique, elle s'en ira débiter l'obscénité du
couplet érotique devant ce public banal qui,
après avoir diné joyeusement, veut digérer
en pleine gaieté.

La ruine dignement supportée n'est probablement plus de ce siècle restituteur, où
les anarchistes se transforment en serruriers
de leur bon plaisir pour piller les hôtels inha-
bités.

La vie pour cette femme n'est-elle donc
qu'une réclame perpétuelle, qu'une lutte
contre les nouveaux astres qui se lèvent,
qu'un besoin de briller, de paraître et de
faire parler de soi ?

C'est que le métier de belle madame X...
ou de belle madame Z... a ses entraîne-
ments. Quand la beauté devient une gloire,

une profession, il faut des chevaux, des toilettes, un salon, des dîners... Il faut la fortune, en un mot, car il n'y a pas à Paris de métier plus lucratif ou plus ruineux que celui d'être jolie femme...

Les leçons de chant valaient mieux qu'une exhibition théâtrale. Les leçons de chant, c'était la ruine dignement supportée, c'était la volonté de travailler, et non le caprice d'un avilissant cabotinage.

Elle y goûtera, la malheureuse ! Elle subira le tutoiement des coulisses, la brutale familiarité des figurants. Elle aura beau se boucher les oreilles, il lui faudra bien se souiller aux promiscuités salissantes et respirer l'air du cloaque. Si elle compte y retrouver l'opulence des anciens jours, elle se trompe fort. Le théâtre ne paye plus que très mal... On plaint l'ouvrière avec raison, mais il faut plaindre aussi l'actrice !

Notre nouvelle société démocratique a déchaîné les ambitions. Il semblait si facile d'être reine dans une république athénienne ! Alors, il y eut une course au clocher, qui fut fébrile. On rivalisa de beauté, puis de luxe. Quand les femmes veulent écraser leurs rivales, vous savez ce qu'il leur en coûte...

Pourtant, il reste à la femme un avantage dans ses défaillances. On lui sait gré de savoir être vaincue, comme on lui sait gré de savoir vieillir. Celle qui, renonçant à une lutte qui l'a brisée, va demander aux tréteaux un nouveau succès aurait été mieux inspirée en restant ce que doit être une femme du monde frappée par le malheur. Elle y eût perdu, sans aucun doute, le cortège des admirateurs qui suivent la mode. Elle y eût gagné en retour la sympathie et l'estime des honnêtes gens. Elle se serait dé-

barrassée de la tourbe des hommes sans
caractère, elle n'aurait gardé que la précieuse
amitié des gens de cœur, qui vaut mieux que
tout.

Il faut être d'une trempe bien vulgaire
pour s'accommoder de la banalité de ce temps,
pour vivre de ce que l'on appelle « le train »,
pour obéir servilement à des exigences con-
ventionnelles, pour se faire l'esclave des
usages d'une vie factice, pour se croire dans
l'obligation de payer au couturier, à la lin-
gère, à la modiste en renom l'impôt écrasant
que ces industriels prélèvent sur la bêtise des
femmes lancées.

Il faut avoir bien peu de force de caractère
pour renoncer aux douces joies du foyer, à
tous les bonheurs intimes, à la calme régularité des devoirs domestiques pour gaspiller
le temps précieux, la beauté qui passe, l'or
si pénible à acquérir, dans le vide et l'ennui des réceptions officielles ou mondaines,

dans le machinal tourbillon des joies pari
siennes.

Les femmes croient trop, en vérité, à la
durée de leurs charmes, à l'efficacité de leur
pouvoir. Elles se trompent douloureusent.
Elles peuvent beaucoup, certes, mais elles
sont désarmées contre les retours de conscience. Ce n'est rien pour elles d'obtenir,
mais il est au-dessus de leur force de faire
ratifier des engagements contractés à la légère. Ces coquettes qui ne se jugent que sur
leur miroir se font bien du tort en n'exami-
nant jamais leur cœur, en ne daignant envi-
sager de la vie que les côtés décevants. Nous
croient-elles donc si bêtes et si nuls que nous
ne puissions juger une femme que sur ses
dentelles et ses diamants?

Celles qui veulent briller devraient se souvenir de Mlle de Lespinasse, qui n'était point
riche, de Mme Récamier, qui ne perdit pas
un ami quand elle perdit sa fortune. Les

femmes n'ont jamais rien à regretter quand
un cœur bat sous la splendeur de leur cor-
sage, quand un cerveau solide donne à leurs
yeux superbes le reflet de la pensée.

Elles se préparent un bien rude calvaire,
les entêtées de réclame et de bruit, les amou-
reuses de tapage qui veulent lutter quand
même contre leur destinée. Si elles ont voulu
jouer un rôle trop élevé, elles doivent des-
cendre simplement et reconnaître leur erreur. Il n'y a jamais de honte à se tenir à la
place que l'on doit avoir, à la place que l'on
n'a jugée indigne de soi que sur les conseils
menteurs de l'adulation.

Nous ne sommes plus au temps des coco-
dettes. Notre Société moderne est plus grave,
car le monde, le vrai monde, se recueille en
cet instant. En ouvrant des débouchés aux
nouvelles couches, l'état actuel a créé, il est
vrai, un monde spécial qui jouit aveuglé-
ment de faveurs inconnues, qui se grise et

qui prend son plaisir où il le trouve, sans se soucier de responsabilités qu'il ignore.

La femme qui va débuter prochainement a été la victime de ce nouvel ordre de choses. Elles a payé de sa fortune l'auréole dont on a ceint son front. Elle s'est ruinée en voulant se maintenir dans ce rôle de beauté officielle qu'on lui décerna et qui lui a tourné la tête.

Le point capital pour une femme est surtout de ne jamais déchoir. Mais, pour savoir rester à sa place, il faut avoir un jugement équilibré. Dites-moi donc, je vous prie, où se trouve l'équilibre en ce moment ?

Les vieillards mêmes perdent la tête. Des hommes à cheveux blancs viennent demander à Achille, l'oracle de la Librairie nouvelle, s'il connaît l'adresse de Rose Pompon, qui vient d'apprendre à l'univers dans des *Mémoires* qu'elle eût été sans aucun doute incapable d'écrire, qu'elle jouit d'une grosse fortune amassée à la sueur de ses jambes.

Et la vieille bambocheuse, dans sa joie de refaire parler d'elle, s'amuse le soir à danser le cancan de famille avec une dignité comique, à la suite d'un dîner où elle s'est bourrée de truffes.

Après cet été gastronomique de la Saint-Martin, nous verrons peut-être, dans la même soirée, la mondaine fameuse débuter sur les planches du boulevard et Rose Pompon faire sa rentrée dans le monde où l'on chahute, à l'Alcazar ou chez Zidler.

MONSIEUR SCANDALE

Décidément, les agenouillés de Paris sont des deux sexes. Après celles qui s'agenouillent devant l'or en barre, il y a ceux qui s'agenouillent devant le plat cabotinage, le cabotinage du grimacier et du pître. Oui, Paris, la ville de l'intelligence et de l'art, s'avachit, se roule, se prosterne devant le premier qui tente de violer le succès. Paris accepte le knout et subit la flagellation.

Paulus, le chanteur à la mode, vient d'apprendre cruellement, à ses propres dépens, que les frasques qui peuvent être de bon goût ici cessent de plaire en province. Notre chanteur à la mode a été obligé de reconnaître que les Lyonnais l'ont reconduit avec les honneurs dus à sa grossièreté à l'égard du public.

Discuter le talent de M. Paulus est une besogne au-dessus de mes forces. Je déteste les hypothèses et n'ai point d'encre à répandre sur de trop audacieuses fictions. Le talent de M. Paulus n'a pas à être mis en question devant un public que l'on ne veut pas duper. C'est d'ailleurs une affaire d'appréciation personnelle. M. Paulus a la meilleure opinion de lui-même. Laissons-lui cette consolation. Mais ce qu'on ne peut pas lui laisser c'est le droit de mépriser son public, au besoin même de l'injurier.

Le chanteur Paulus, qui est incapable de chanter autre chose que des scies inintelligibles, a voulu déployer à Lyon le même sans-gêne qu'à Paris. Ça ne lui a pas réussi. Reconduit avec les huées que méritaient ses incartades, il s'est empressé de donner des marques indéniables de son respect à M. Jules Prével et d'offrir ses excuses au public lyonnais. Voilà qui est fait pour réconcilier le boulevard et la province.

Il est probable que le chanteur Paulus n'est pas aussi bête qu'on aurait pu le supposer. Comprendre qu'on peut être grossier à Paris mais déférent à Lyon, c'est de l'esprit diplomatique. La province sait probablement encore ce que c'est que la chanson, tandis que Paris ne s'en doute plus. Si Paulus est poli à Lyon et méprisant à Paris, c'est qu'il se rend parfaitement compte de la différence qu'il y a entre des gens qui jugent un artiste sur sa réputation et des gens qui le jugent sur ce qu'ils entendent.

M. Paulus, qui ne supportait pas à la Scala qu'un spectateur lût tranquillement son journal quand il était en scène, n'a point essayé

à Lyon de lutter contre la clameur publique.
Il n'y a pas de soir, ici, où M. Paulus ne se
livre à quelque incartade. Alors qu'il devrait
avoir une exprimable reconnaissance à l'é-
gard des gogos qui lui font gagner des sommes absolument ridicules, il affiche un petit
air de dédain. C'est la théorie cousine de
celle du monsieur qui bat les femmes pour
s'en faire aimer. Quand on ne l'applaudit
pas à sa convenance, M. Paulus se fait attendre dix minutes avant de daigner repa-
raître. S'il consent à rentrer en scène, c'est
que le régisseur et le directeur se sont roulés
à ses pieds. Alors, il rentre... Et les bons Parisiens frémissent. Jamais Thérésa, qui est
une grande artiste, qui est femme, qui a derrière elle une carrière sans égale, ne se serait permis cette attitude vis-à-vis de son
auditoire.

Notre public est respectueux, et tous spé-
culent sur ce respect. Les directeurs de

théâtre nous font payer un prix fou le droit à
l'étouffement. Une presse complaisante et
complice incite le spectateur à de stupides
admirations.

On fut plat devant Coquelin et devant Delaunay. Cela pouvait rigoureusement s'excuser. Mais devant Paulus... c'est trop !

C'est que la foule ne vit aujourd'hui que
d'opinions toutes mâchées. C'est que ceux
qui veulent attirer cette foule odieusement
banale n'osent l'attirer qu'à l'aide de vieux
trucs et de vieilles ficelles.

Un auteur dramatique dont je ne cite pas
le nom — parce que je ne voudrais point lui
faire de tort — me disait tout récemment que
M. Marx, le directeur de Cluny, lui avait
conté, cet été, sur une plage, qu'il ne recevrait plus de pièces si elles n'étaient pas

signées du nom d'un journaliste de la presse
théâtrale. C'est à ce délicieux principe que
nous devons la *Belle Italie* de M. Prével
et de M. Erny.

En faisant cette profession de foi à un auteur dramatique, M. Marx obéissait à cette
loi stupide qui régit le monde des théâtres,
où l'on n'ose plus spéculer sur l'inconnu.

Le jour où M. Paulus a essayé de chanter
des chansons classiques dont la création avait
été un véritable succès pour leurs interprètes,
il a eu de la peine à gagner sa vie. C'est lui-
même qui l'a écrit à Sarcey. Quand il s'est
contenté de chanter des scies d'un comique
douteux, dont sa voix glapissante constituait
tout le charme, il a réussi à se créer une place
à part qu'il n'a due qu'à un engouement injustifiable. Il est évident, en effet, que
M. Paulus aurait prouvé qu'il avait du talent
s'il avait été en état de se montrer supérieur à
ses devanciers. Mais comme il s'est empressé

prudemment, au contraire, d'éviter les comparaisons, il est impossible de le juger à un point de vue tant soit peu sérieux.

Il ne peut résulter de son attitude qu'une opinion très défavorable, car on ne peut pardonner à un Paulus de café-concert ce que l'on ne passerait ni à un Coquelin ni à un Delaunay, qui ont tout de même leur talent pour circonstance atténuante aux frasques qu'ils commettent sans relâche.

Le public de Paris, qui paye ses plaisirs à un prix autrement élevé que les prix de province, se laisse manger trop facilement dans la main. Cet excellent public ne sait plus siffler, tandis que Lyon exige de la tenue et que Toulouse veut absolument du talent.

Pendant que les spectateurs de Paris sont expulsés quand ils protestent contre les écarts prétentieux de M. Paulus, les habitants de Lyon se fâchent tout rouge et ce Garat de petite marque se courbe au pied des autels dont M. Prével est le Calchas. Il offre aux Lyonnais le gras-double de ses excuses, alors que Paris n'a reçu de lui que des rebuffades. A mon sens, il est mauvais d'encourager à ce point le mouvement de décentralisation.

Tout ce que l'on conclut, c'est que Paulus est une célébrité. Paulus est un nom. Paulus a une auréole. On se le dispute. On lui offre de l'or. On dirait qu'il crache des louis.

Et voyez — car il faut toujours généraliser les thèses — M. Marx (de Cluny) raisonne comme les directeurs de café-concert, Il croit au nom, à l'influence. Une bonne pièce apportée par un inconnu sera l'objet de sa défiance. Il acceptera, les yeux fermés, un manuscrit, je n'oserai pas dire écrit,

mais apostillé par un de ces hommes qui
nous apprennent qu'il y aura ce soir une première aux Bouffes-du-Nord et que Mlle X...,
de l'Opéra, ne peut plus porter de corset.

Cette niaiserie n'a pas encore fait son
temps. Bien que la pièce de Cluny n'ait
point recueilli les éloges d'une presse qui
compte encore plus d'hommes sincères que
les directeurs de théâtre ne le veulent supposer, je parierais volontiers que M. Marx
n'est pas encore guéri.

Je n'ai pas encore pu saisir le rapport qui
existe entre le métier d'informateur théâtral
et le métier d'auteur dramatique : les directeurs l'ont saisi. Ils ont pu exécuter ce tour
de force ; mais il faut désespérer de les voir
oser prendre une initiative, tenter de former
des auteurs et de former des comédiens, —
ce qui leur serait pourtant plus avantageux
et plus facile.

C'est pourquoi, dans cette folle chasse aux

écus, nous voyons des gaillards réputés malins monter des pièces idiotes sur la foi d'une signature, engager des filles absolument nulles sur lesquelles la critique influente a jeté un œil favorable et croire que, quand on a la presse, tout est dit.

On n'a véritablement la presse qu'à la condition de donner des pièces qui se tiennent debout et qui soient jouées par des artistes capables. On ne retient le public qu'à la condition de ne pas se moquer trop longtemps de lui. Les habitants de Lyon ont donné à M. Paulus une bonne leçon dont il profitera s'il lui reste une lueur de bon sens. Bien que ce chanteur en vogue, qui est en même temps marchand de vin, promette à tout bout de champ de se retirer dans ses terres et déclare qu'il n'entend pas être l'esclave du public dont les gros sous lui ont donné le droit d'être important, le digne Paulus-Scandale n'a pas la moindre envie de quitter la rampe. Il est probable qu'il mettra de l'eau dans son vin.

S'il continue à vouloir jouer les matamores, un jour viendra où le public lui montrera le poing et le priera d'aller s'exhiber dans les bouibouis de dernier ordre. C'est là, communément, la dégringolade qui attend les cabotins que grise une fortune trop rapide, qui houspillent le public, tondent les directeurs qui les engagent et font la loi à leurs camarades qui ont été moins bien partagés. Si Paulus-Scandale veut échapper à cette crise qui s'abat sur les chançards qui abusent de leur veine, il lui faut plus de travail et surtout beaucoup plus de modestie. Mais offrir ces conseils au chantre de la *Chaussée Clignancourt* c'est — si j'ose m'exprimer ainsi — offrir un cigare de la Havane à l'Invalide à la tête de bois !

LES ACTRICES MONDAINES

En feuilletant, avec le respect dû aux belles choses, l'édition Firmin Didot de la *Femme au dix-huitième siècle*, des frères de Goncourt, j'ai relevé cette phrase du prince de Ligne qui semble être datée d'aujourd'hui : « Plus de dix de nos femmes du monde jouent et chantent mieux que ce que j'ai vu de mieux sur tous les théâtres. »

Je n'écris pas à cette place pour faire l'apologie des femmes du monde qui se sont fait une célébrité dans l'art du chant, mais je puis dire — comme au temps du prince de Ligne — que nous avons parmi nos grandes dames des cantatrices comparables à ces étoiles que nous n'entendons plus qu'à prix d'or, sur des tréteaux improvisés, entourées d'Italiens crasseux ou de cabotins inconnus.

Quand une femme du monde est une artiste sincère, il s'attache un charme nouveau à son talent. Elle ne l'emploie que pour briller dans le monde, à moins qu'elle ne le mette au service d'une œuvre de bienfaisance et de charité. Chez elle, le lucre n'est jamais un mobile. S'il y a une pointe de vanité, elle est excusable, soit parce que l'aristocratique diva veut conquérir le suffrage des délicats, soit parce qu'elle s'efforce de contribuer à secourir des malheureux.

Le goût que témoignèrent les femmes du dix-huitième siècle pour le théâtre et pour tout ce qui est théâtral, nous le retrouvons à présent chez nos grandes mondaines et même chez nos demi-mondaines. Ce goût mérite d'être développé et encouragé.

Les grands cercles ont — qu'on me passe le mot — une *clientèle* sceptique et blasée, qui connaît toutes les actrices, toutes les nouveautés théâtrales. Pourtant ils ne peuvent s'empêcher de faire écrire des pièces spéciales, jouées par quelques-uns de leurs membres qui donnent la réplique à des actrices parmi lesquelles il s'en trouve de second plan. Celles-ci sont tout de même exquises. Elles prennent le soin d'apprendre et de piocher un rôle qu'elles joueront une ou deux fois. Est-ce parce qu'elles sentent qu'elles seront en face d'un public d'élite ou parce qu'elles échappent à la discipline brutale de leur théâtre ? Il y a peut-être de l'un et de l'autre.

Toujours est-il que les représentations marchent généralement le mieux du monde.

Le public est indulgent et l'auteur est libre.
M. de Massa récolte des ovations dans de
semblables milieux, alors qu'il n'aurait, sur
une scène publique, qu'un auditoire prévenu
et ombrageux. C'est que ce genre de spectacle demande un esprit de coterie, une sorte
de complicité. L'auteur sait à quel auditoire
il s'adresse et travaille en conséquence. Ce
qui est perdu pour la masse est regagné pour
les privilégiés. Cet art — un petit art de
boudoir, de ciselure, et de franc-maçonnerie
— a toujours été populaire en France. Il est
facile à railler, car le monde possède des comédiennes bien gauches et des jeunes premiers plus vains, plus ridicules encore que
certains comédiens de profession ; mais, à
côté de ces grotesques et encombrantes
figures, vous en rencontrez de belles et de
simples qui surprendraient nos acteurs en
renom en leur prouvant que le sentiment
juste et les mouvements naturels du cœur

remplacent parfois les traditions et la routine du métier.

Rien n'est plus exquis que le spectacle
d'une jeune fille qui s'ignore et qui, sous la
parole du poète, s'anime, se colore et, de statue, devient femme. Ce n'est pas une comédienne qui naît sous nos regards, c'est bien
une femme. On sent que des voiles invisibles
ont glissé. On entend dans l'air un doux
battement d'ailes toutes blanches. Il faut, en
effet, aux jeunes filles, des rôles très purs
d'ingénue, de fille à la vieille mode française,
aux yeux modestes qui savent sourire, non
aux yeux baissés de la vierge allemande qui
rêve de je ne sais qui, à je ne sais quoi.

C'est pourquoi de telles interprètes, qui
sont de délicieux et aristocratiques instru-
ments pour un homme écrivant avec un style
d'or armé d'une pointe de diamant, de telles
interprètes ont besoin de poètes à elles. Que
l'action soit mal conduite, que la langue même

soit rudoyée par de grands seigneurs qui se
tiennent le chapeau sur la tête devant la
grammaire, c'est un point qui importe peu.
Le poète de salon doit avant tout donner de
fines ou de nobles pensées, de celles qui nous
font ou rêver ou méditer, et la bouche qui
les dit leur donne un prix nouveau en nous
les répétant, car elles réfléchissent souvent
avec exactitude l'âme de la diseuse.

En vérité, les artistes-amateurs ont bien
tort de vouloir travailler pour les ingénues de
théâtre alors qu'ils ont travaillé pour les ingénues de salon.

Les auteurs mondains, qui moissonnent
les bravos sur les scènes des châteaux ou des
salons illustres, sont les seuls écrivains dramatiques qui puissent en effet laisser la vierge
immaculée jouer un rôle sur la scène. Pour
les auteurs de métier, ce désir serait irréa-
lisable. Il faudrait, si l'on trouvait dans le
monde une ingénue consentante, l'amener au

théâtre dans une cage grillée, tant la coulisse est cynique et louche. D'ailleurs, sur la
scène même, ceux qui donnent la réplique à
la jeune fille expriment de tels sentiments,
dans un langage si carré que nous voyons
avec soulagement l'Agnès de théâtre mère
Gigogne à la ville. Il vaut mieux nous donner
une comédienne, véritable fleur d'innocence
sur les planches, qui allaitera son bébé entre
deux actes, qu'une ingénue au corps soigneusement protégé par une mère prévoyante et
ignoble, mais aux oreilles ouvertes aux dé-
clarations cyniques des jeunes gens à la mode
et aux grasses plaisanteries de cabotins à la
face lippue et aux solides épaules. Deux arts
bien différents que le théâtre de salon et le
théâtre où l'on entre en payant !

Mais, à ce propos de la comédie de salon,
j'ai quelques mots à dire et je souhaite qu'ils

soient entendus par les femmes qui écartent
devant l'art les lourdes tentures de leurs riches logis.

Souvent, le monde a amené le comédien
sur son petit théâtre et l'a couvert d'or. Le
comédien s'en retourne chez lui avec une
grosse somme dans sa poche pour avoir été
l'écho, l'interprète de la pensée du poète ou
de l'extase du musicien. Il a chanté et joué, ac-
compagné du formidable refrain du luxe. Les
écus gagnés dans la soirée tintaient d'avance
dans sa poche, répondant à la symphonie
des pierreries, des dentelles et des plumes.

Et les salons ne donnent jamais de droits
d'auteurs ! On paye l'acteur, et point l'auteur
ou le compositeur. On ne l'invite même pas !
Pourtant, cet auteur dont on prend l'œuvre
avec sans-gêne, pour la ridiculiser peut-être
par une interprétation grotesque qu'il n'eût
jamais tolérée, cet auteur pourrait, sans qu'il
y eût de sa faute, être pauvre et misérable.

On n'a jamais songé à cela dans les salons, et j'ai entendu un soir un pitre se tailler un large succès dans l'œuvre d'un homme qui avait dîné d'une absinthe. Quand le pître eut achevé son morceau, on l'acclama, on chanta son talent et ses grimaces. Personne ne s'inquiéta du nom de l'auteur. Il y a là une injustice sociale dont nos grandes dames rougiront et qu'elles ont inconsciemment commise. Elles répareront cette grave erreur. Rien ne leur est plus facile que de s'enquérir de la situation des auteurs qu'elles mettent à leur répertoire, de façon à savoir si c'est avec leur grâce ou bien avec leur bourse qu'elles doivent payer le talent.

Cette passion du théâtre de société, nous la retrouvons même chez les demi mondaines et chez les demi comédiennes. A la salle

13.

Kriegelstein, la jeunesse élégante vient de donner une revue à huis clos qui ne relevait pas, par conséquent, de la censure. N'ayant pas assisté au spectacle, je ne pourrais dire si nos Aristophanes de boulevard ont été à la hauteur de leur situation. C'est, en tout cas, une école dramatique excellente d'où peuvent sortir des auteurs comiques et des comédiennes. Et, mesdames, on n'en trouve plus, vous le savez.

Les diamants ne font pas la justesse de la voix ni la netteté de la diction. Vous voulez de l'argent, vous voulez de l'amour, vous voulez des triomphes ; travaillez, alors, travaillez encore, travaillez toujours, car le théâtre peut vous donner tout cela... Mais le travail est aride et monotone ; mais le théâtre a l'apparence morne d'un gouffre à la lueur de la servante : voilà ce qu'elles se disent, les demi mondaines boudeuses, si bien qu'elles rejettent l'éventail de Célimène ou le tablier

de Dorine pour le premier vieillard somno-
lent qui a fait un geste convenu dans le fond
de sa baignoire.

La comédie hors du théâtre, la comédie
d'amateurs est un passe-temps exquis. Si
sa vogue croît, tant mieux ! car cette mode
fera remettre en honneur tout ce qui vient
du cœur, tout ce qui n'est pas sec et bêta,
conventionnel et juteux !

LE THÉATRE D'APPLICATION

LE THÉATRE D'APPLICATION

Le projet de M. Bodinier, secrétaire-général de la Comédie-Française a obtenu les honneurs d'une discussion en règle. A Paris où rien ne va vite, lorsque l'on veut lancer une idée, il faut créer d'abord l'agitation autour d'elle. M. Bodinier, dont le projet a été inséré tout au long dans la *Revue d'Art dramatique*, réclame la création d'un théâtre d'application pour les jeunes élèves du Théâtre-Français.

Ce n'est pas la première fois qu'un projet de ce genre est soumis à l'administration. Déjà, notre confrère M. L.-P. Laforêt avait proposé à M. Turquet l'établissement d'un petit Théâtre-Français. Les travaux de M. L.-P. Laforêt et de M. Bodinier sont en quelque sorte identiques. On peut dire cependant que le travail de M. Bodinier est d'une trame plus pratique et plus serrée. Du reste c'est le travail de M. Bodinier qui est l'objet de cette étude et dont je veux simplement m'occuper pour cette fois.

M. Bodinier vit depuis longtemps dans le monde du théâtre et de la presse théâtrale. Il y jouit de l'estime et de la sympathie. Sa situation à la Comédie lui a permis de se documenter complètement sur les ressources et l'organisation de cette merveilleuse machine. Ses relations naturelles l'ont mis en rapport avec les maîtres du théâtre. Il a donc pu s'appuyer sur des renseignements sûrs et s'inspirer des conseils les plus sages. C'est du reste pour ces raisons que son travail a été remarqué par la presse, commenté dans les journaux avec une bienveillance presque universelle, accueilli dans le public par les amateurs de théâtre avec un très vif intérêt.

I

Pourquoi M. Bodinier veut-il créer un théâtre d'application ?

Pour nous donner des acteurs et des actrices.

Cette réponse peut sembler paradoxale dans une ville comme Paris qui compte une vingtaine de théâtres ayant pris rang et qui possède un Conservatoire de musique et de déclamation. Les gens de goût et les gens du bâtiment savent seuls que les artistes connaissant le métier deviennent fort rares et que, si les autres ignorent ce même métier, c'est qu'ils ne prennent pas ou que l'on n'a pas pris la peine de le leur apprendre. Il y a deux raisons à cela : c'est qu'il n'y a plus guère d'écoles dramatiques libres et que le Conservatoire n'est pas une école dramatique.

M. Bodinier ne néglige pas de nous dire que les petites scènes d'élèves, sur lesquelles

les jeunes gens faisaient leur apprentissage
ont disparu. Chantons la ballade des petits
théâtres du temps passé... Où sont la Tour
d'Auvergne et la salle Chantereine ? Où est
le Théâtre Doyen ? J'étais chercheur à vingt
ans. J'avais applaudi Marais à la Tour d'Auvergne et Sylvain à Déjazet. J'avais des colères sourdes contre M. Perrin après avoir
entendu Joumard aux matinées Ballande, où
le public lui faisait de vrais triomphes. Nous
nous demandions tous pourquoi ce Joumard
était si peu employé à la Comédie. Il faut
être né à Paris pour faire ce métier. Les
jeunes gens de province n'ont pas ce goût
de l'inédit et de l'inconnu. Ils préfèrent les
théâtres qui comptent, les étoiles que leur
département acclame de confiance sans les
avoir jamais entendues. Nous autres, nous
allions en bande à la Tour. Nous tirions
notre chapeau au père Talbot et, le rideau
baissé, nous allions au café du Théâtre re-

garder boire les acteurs. Hélas ! je sais à
présent qu'ils boivent comme tout le monde,
et c'est toujours un mal de constater qu'on
a perdu une illusion. Du reste, la badauderie
parisienne n'a pas de limites. Un soir que je
passais devant le Gymnase, j'entendis deux
passants qui dialoguaient :

— Ah ! dit l'un, nous allons voir probablement Jules Prével sortir de chez Marguerie.
Il y dîne presque tous les soirs...

Et j'avoue que j'eus à mon tour la curiosité de m'arrêter pour voir des gens qui in-
terrompaient leur promenade dans l'espoir
de contempler M. Prével à la sortie de son
dîner.

Le courriériste du *Figaro* ne sortit pas...
Et ce fut bien fait pour les deux passants
comme pour moi.

Il y a tant de théâtres, tant de journaux,
tant d'éditeurs à Paris, que l'on ne fait plus
guère attention aux comédiens, aux journa-

listes, aux gens de lettres. Ce petit monde,
qui se confond de plus en plus avec l'autre
dans sa manière de vivre et de s'habiller,
n'excite plus la même curiosité qu'au bon
temps du Boulevard du Crime, du Divan Le
Peletier, et du Café de Mulhouse. Quand les
théâtres ne jouissaient pas de la liberté ché-
rie, le Parisien s'y sentait chez lui. Il n'ache-
tait pas le programme. Il connaissait si bien
la troupe ! Quand il était au Gymnase, au
Palais-Royal, aux Variétés, il était à son
aise. Les habitués du Gymnase ne se dérangeaient guère pour aller au Palais-Royal. On
ne rencontrait pas ceux du Palais-Royal au
Gymnase. On allait parfaitement une fois
par semaine au théâtre qu'on avait adopté.
Le comédien jouait devant un public qu'il re-
connaissait, un public de connaisseurs, à la
fois sympathique et sévère, qui suivait les
progrès et les défaillances de chacun avec un
soin jaloux. Voyez le Parisien d'aujourd'hui

allant au théâtre ! Il s'arrête aux colonnes
Morris et ne lit que les noms en vedette. Il
ira entendre, suivant son goût et son humeur,
Mme Hading ou Mlle Granier, et il se soucie
peu du reste, car il sait que le reste ne compte
pas. Les directeurs l'ont amené à comprendre
qu'ils jouaient une grosse partie sur une étoile
et sur les clous de la mise en scène. Il accepte
ce qu'il ne peut empêcher. Le seul public qui
s'occupe de la composition du spectacle est le
groupe fidèle et lettré de la Comédie-Française, qui est cependant envahie comme les
autres théâtres par les voyages de noce, les
héritiers qui viennent de réaliser un parent
riche, les provinciaux et les étrangers en fête.
La bourgeoisie moyenne qui fournissait un
apport considérable aux recettes est devenue
réfractaire depuis que le prix des places fait
du spectacle un véritable plaisir de luxe. Le
bourgeois ne veut plus allonger son argent
qu'en connaissance de cause et fait une chasse

acharnée aux billets de faveur. Il est devenu
difficile et il recule devant la dépense d'un
fiacre et d'une paire de gants si on lui propose des places pour une mauvaise pièce ou
pour un théâtre peu élégant.

Je semble m'éloigner de M. Bodinier et de
son projet, je le serre de près au contraire,
car il faut toujours compter avec le public,
du moment que l'on veut traiter pratique-
ment une question de théâtre. M. Bodinier
prétend que l'on ne fait plus d'acteurs, et il a
parfaitement raison.

Les petites écoles dramatiques sont fermées. Les théâtres de province sont devenus
des auberges pour nos troupes parisiennes
en tournée. Les directeurs parisiens ne forment plus personne et s'adressent à leurs
collègues pour compléter leur troupe selon
les besoins de leur spectacle. Ils font ce que
font certaines maîtresses de maison qui ne
peuvent avoir un cordon-bleu à poste fixe et

qui, dans les jours d'apparat, confient à Po-
tel ou à Chevet l'exécution de leur menu.
Le public ne s'intéresse qu'aux visages qu'il
retrouve. Si un comédien se distingue dans
un bout de rôle, le parisien s'inquiète à peine
de savoir son nom. Il ne prend ce soin qu'a-
près avoir été amusé cinq ou six fois. On
comprend du reste qu'il attache peu d'importance au nom d'un acteur qu'il ne reverra
peut-être plus de sa vie et qui peut parfaite-
tement ne jamais être rengagé sur une scène
parisienne.

— Vous avez le Conservatoire ! nous ré-
pondront les gens grincheux,

C'est là où nous les attendons. Je me suis
juré à moi-même de ne pas être méchant
cette fois. C'est pourquoi je ne veux pas citer
de noms. C'est d'ailleurs une peine inutile
à l'égard des gens de savoir et d'expérience.
Tous diront que la Comédie-Française possède plusieurs premiers prix du Conserva-

toire dont elle n'a pu et ne pourra tirer aucun parti. Ce sont des personnes très esti-
mables et d'une bonne volonté parfaite, mais
qui n'ont pu apprendre que ce que le Conservatoire enseigne.

Quel enseignement les élèves du Conservatoire reçoivent-ils donc? L'enseignement
théorique, et c'est tout. On leur apprend
à merveilleusement articuler, on leur donne
des leçons de maintien et d'escrime, on leur
serine les traditions de leurs glorieux pré-
décesseurs. On leur fait retenir et répéter
les intonations mêmes de leurs devanciers
en leur en expliquant le mécanisme et la
cause. On les invite à suivre des cours d'histoire et de littérature dramatique. On leur
apprend tout, tout, tout... excepté « les
planches. » Pourquoi, s'il vous plaît ? Parce
que le premier bourgeois venu vous dira
que les planches ne s'apprennent qu'au
théâtre.

Voilà pourquoi M. Bodinier déclare qu'un Conservatoire qui se borne au rôle de collège dramatique et de serinette à comédiens ne peut pas rendre de services réels. Voilà pourquoi M. Bodinier réclame un théâtre d'application.

Ce n'est pas tout que de réclamer une réforme et de prouver qu'elle est nécessaire, il faut démontrer ensuite qu'elle est praticable, car il faut toujours arriver aux questions d'exécution et d'argent. Il nous reste donc à montrer que M. Bodinier connaît aussi bien les raisons qui motivent la création d'un théâtre d'application que les moyens à l'aide desquels on pourra le faire subsister.

II

De qui dépendra le théâtre d'application ? M. Bodinier lui donne pour parrain l'État et pour tuteurs le Conservatoire et la Comédie-

Française. Je crois que la Comédie-Française est parfaitement disposée à jouer ce rôle. L'État et le Conservatoire l'accepteront avec beaucoup moins de bonne grâce.

Le Conservatoire en effet est entièrement dévoué à la musique et les bureaux de la rue de Valois sont les défenseurs résolus de « l'ordre établi. » Il est interdit de toucher à M. Ambroise Thomas.

On aura beau nous faire cette défense, je ne vois pas le rapport qu'il y a entre le talent, le savoir de M. Ambroise Thomas et l'éducation de nos comédiens ou de nos tragédiens. Je saisis parfaitement sa compétence sur les trompettes, les pianos et les cors, mais je ne saisis pas l'influence qu'il peut avoir sur les Talmas de demain ou sur les futures Lecouvreurs. La musique et le théâtre ont si peu de points de contact que l'on comprend parfaitement les arguments de M. Bodinier qui voudrait que le Conservatoire de déclamation

fût séparé du Conservatoire de musique. La
déclamation y est sacrifiée en effet puisque
l'on est obligé de restreindre de plus en plus
le nombre des admissions, le Conservatoire
étant envahi par les classes d'ophicléide et
de chapeau chinois, au détriment de notre
école dramatique.

M. Bodinier, qui sait que l'on chicane toujours en France les dépenses utiles, s'empresse de nous déclarer qu'il n'a pas besoin
d'argent. S'il est appuyé moralement par
Augier, Sardou, Paul Meurice, Legouvé,
Vacquerie, Pailleron, Vitu, Sarcey, Bauër,
Paul Perret, et tant d'autres, le secrétaire général de la Comédie-Française a su trouver
également des capitalistes prêts à construire
les bâtiments nécessaires à l'œuvre nouvelle.
Ces capitalistes ne demandent qu'à rentrer
plus tard dans leurs déboursés et s'engagent à l'avance à abandonner ensuite leurs
droits au profit de l'État.

Le Théâtre d'application ne doit pas être
un gagne-pain pour les élèves du Conservatoire. Ils y interpréteront des rôles importants et ils y accepteront également des
emplois d'utilités et de figurants. Ils y ap-
prendront en quelque sorte l'ABC du métier. On aura le droit néanmoins, en leur
offrant une indemnité plutôt qu'un salaire,
de les empêcher d'aller jouer dans des sous-
préfectures et dans la banlieue et d'interpré-
préter des rôles au pied levé parmi des cabotins de rencontre, ce qui ne sert qu'à leur
inculquer de mauvaises habitudes. C'est la
Comédie qui fournira le matériel. Tous les
ans, elle est obligée de vendre des décors
et des costumes. On emploierait ce matériel
superflu sur le théâtre d'application.

M. Bodinier, qui plaide pour sa maison,
fait remarquer que le personnel de la Comédie est très nombreux, que les jeunes
gens y ont des loisirs, que le répertoire est

tellement vaste que la Comédie ne peut suf-
fire à sa tâche, de sorte que le Théâtre d'application, avec le concours de la jeune troupe
de la rue de Richelieu, pourrait être une
école d'apprentissage et un théâtre de répertoire qui recueillerait les miettes dédaignées
par la Comédie et l'Odéon. M. Bodinier a
la ferme conviction qu'on arriverait même
à créer un jour d'abonnement. Je partage
cette illusion.

Je proposerai, à ce sujet, des représentations assez courtes, achevées vers onze
heures, permettant aux pères de famille d'y
mener leurs fils, auxquels ils pourront ainsi
donner à bon marché une excellente teinture
du répertoire classique. Ne nous a-t-il pas fallu
profiter de représentations de raccroc pour
entendre sur la scène la *Métromanie*, la *Partie de chasse*, le *Vieux célibataire* et même
le *Joueur* et *Turcaret* ? Toutes ces reprises
improvisées ont cependant eu du succès !

J'irai plus loin encore que M. Bodinier dans sa conception libérale. Je souhaiterais que le théâtre d'application pût devenir à l'occasion un *théâtre d'audition*. Il arrive souvent que d'excellents artistes de nos scènes de genre désirent secrètement une situation plus haute. Il a fallu beaucoup de temps à Mlle Montaland, qui jouait aux matinées Ballande, pour forcer les portes de la Comédie. Nous y avons regretté l'absence de Mlle Rousseil, de M. A. Dupuis, de Taillade, de Dumaine. S'il était permis aux artistes de nos théâtres parisiens de donner des auditions sur le petit théâtre du Conservatoire, M. Claretie et M. Porel n'en tireraient-ils point profit?

La cause de M. Bodinier est certainement gagnée devant l'opinion. Il lui reste à la gagner devant les bureaux.

La Chambre a le tort de considérer comme un luxe le département des beaux-arts. Il n'y a pas de budget plus sévèrement discuté que le sien. M. Bodinier ne demande pas de fonds, il ne réclame qu'une autorisation. Vous pouvez être certain à l'avance que les bureaux se défendront comme de beaux diables avant de la délivrer.

Mais comme M. Bodinier a derrière lui des défenseurs aussi nombreux qu'expérimentés, comme il ne demande pas de subvention, comme il s'engage en quelque sorte à faire à l'État des dons qui ne lui deviendront jamais onéreux, il est présumable qu'il triomphera pour l'intérêt du théâtre qui a besoin plus que jamais d'interprètes soigneusement instruits.

J'ai cherché simplement dans ce travail à développer le plan de M. Bodinier et à démontrer la justesse de ses vues. Nos nouvelles mœurs dramatiques, qui ne se modi-

fieront pas du jour au lendemain, en rendent
l'opportunité plus évidente. Puisque les
théâtres parisiens ne forment plus de troupes,
puisque les scènes de province sont fermées,
il faut bien qu'il y ait quelque part une école
où l'on nous prépare des comédiens sachant
leur métier.

Je ne voudrais pas dire de bêtise à ce propos, mais je crois rester dans la note vraie
en disant que nous avons en France un goût
très vif — quoique mal dirigé souvent —
pour la littérature et le théâtre, que les
choses de l'esprit ont un grand attrait pour le
public, et qu'un gouvernement s'honore en
ne les dédaignant point.

Nous avons à la Chambre un jeune orateur,
M. Laguerre, qui met au service des questions
artistiques son grand talent de parole. Tout le
monde sait qu'ils s'est posé en ardent adver-
saire de la censure lorsque M. Goblet refusa
d'autoriser la représentation de *Germinal*.

M. Laguerre trouverait une nouvelle occasion de prouver son souci des choses de l'esprit et de l'art en soumettant à la Chambre, par voie d'interpellation, le projet de M. Bodinier.

Cette séance-là ne serait pas perdue ; une idée féconde ne serait pas exposée à moisir dans des cartons verts, et la discussion, qui pourrait être à la fois pacifique et courtoise, n'entraînerait pas nos députés à ces réminiscence de certaines crudités de Molière qui vont bien aux lèvres rouges de Mme Samary, mais qui font tache à l'*Officiel* et qui produisent un très mauvais effet dans le pays.

M. Laguerre est un homme jeune, d'initiative et de talent ; il est l'auxiliaire désigné d'une cause qui est celle des jeunes gens et de l'avenir du théâtre : nous avons donc tout lieu d'espérer qne le projet de M. Bodinier ne sera pas seulement le rêve d'un homme qui aime et connaît son métier. Nous ne de-

mandons ici que l'autorisation d'une initiative à prendre, non le secours d'une subvention. C'est beaucoup de ne pas réclamer
l'ouverture d'un nouveau crédit. Nos députés
souscriront donc avec d'autant plus de bonne
grâce au projet de M. Bodinier qu'il émane
d'un galant homme et qu'ils pourront voter,
une fois par hasard, une réforme qui ne mé-
contentera personne et qui ne coûtera rien
à l'État.

LE FEU AU THÉATRE

LA QUESTION DE L'OPÉRA-COMIQUE

L'épouvantable catastrophe de l'Opéra-Comique a terrifié tout le monde, mais n'a surpris personne. L'administration des bâtiments civils était instruite depuis longtemps déjà de l'état de ce théâtre. Son impuissance et son indifférence n'avaient apporté aucune amélioration à cet état.

M. Carvalho, directeur de cette scène menacée, trouva en M. Steenackers, député, un avocat dévoué pour saisir la Chambre de cette question, lui dévoiler le péril, et la mettre en demeure de le conjurer.

Nous reproduisons ici les paroles de M. Steenackers et la réponse de M. Berthelot, ministre de l'Instruction publique et des Beaux-Arts.

Nous n'accompagnerons d'aucun commentaire l'attitude de la Chambre dans ce court débat. Quant à M. Berthelot, il suffit de le laisser en tête à tête avec sa conscience.

La Chambre, qui a voté tant de crédits inutiles pour couvrir les frais de missions grotesques, ou créer quelques fonctions de plus, trouva tout naturel qu'un théâtre subventionné pût être assimilé à un vaste four crématoire.

Ni le discours de M. Steenackers, ni la réponse de M. Berthelot ne doivent donc tomber dans l'oubli.

M. Steenackers. — Messieurs, j'ai prévenu M. le ministre de l'instruction publique et des beaux-arts du désir que j'avais de lui poser une question au sujet d'un de nos théâtres nationaux. Il s'agit de l'Opéra-Comique, c'est-à-dire de la scène la plus suivie, la plus populaire, je pourrais même dire une des plus aimées du public parisien.

La salle de l'Opéra-Comique, je me hâte de le dire, offre à tous les spectateurs, indistinctement, les garanties les plus sérieuses d'un prompt écoulement en cas d'incendie, grâce au triple débouché de la place Boieldieu, de la rue Marivaux et de la rue Favart ; mais la sécurité n'est pas du tout la même pour le personnel du théâtre, et la disposition de la scène, adossée à un immeuble particulier, mettrait ce personnel dans la situation la plus critique si, dans un danger pressant, il fallait lui porter un secours immédiat.

Il est bon de dire et de le rappeler à M. le ministre qu'après l'incendie de 1838 la salle fut reconstruite sur le même emplacement, sans qu'on tînt le moindre compte des dégagements nécessaires aux locaux de service. L'architecte oublia complètement que la scène et ses dépendances, déjà trop res-

treintes en 1783 pour un personnel de
soixante artistes ou employés, étaient devenues tout à fait insuffisantes en 1838, alors
que le théâtre employait deux cent cinquante
personnes...

Aujourd'hui le théâtre de l'Opéra-Comique
compte un personnel de quatre cent cinquante
artistes ou employés, lequel travaille, se
meut et s'agite dans un espace de 266 mètres
carrés, le même qu'en 1783, espace dont il
faut encore retrancher la place nécessaire
aux châssis, aux décors, aux praticables, de
telle sorte que les couloirs de dégagement sur
la scène sont tellement encombrés que la
plupart du temps ils n'ont guère plus de 50
à 60 centimètres de largeur.

C'est dans cet espace restreint que se fait
le service. En cas de sinistre, — c'est là que
je veux en venir, — le danger se présente-
rait sous deux faces aussi terribles à envisa-
ger l'une que l'autre.

Dans le premier cas, le feu peut se déclarer pendant que tout le monde ou presque tout le monde est en scène ; or, si le personnel voulait fuir il ne trouverait aucune issue qu'une porte donnant sur un escalier tortueux aboutissant à un couloir, à une sorte de boyau par lequel se précipiteraient de leur côté les musiciens de l'orchestre avant de déboucher sur la rue.

Dans le second cas, c'est-à-dire si le feu se manifestait pendant un entr'acte, alors que les artistes, les choristes, les danseuses, les figurants, les habilleuses sont dans les loges, le désastre serait effrayable, et voici pourquoi :

Le bâtiment de la scène comporte sept étages, entre lesquels sont répartis, non seulement le personnel artiste, mais encore les employés de la direction, de l'administration, des magasins de costumes, d'accessoires, de copie et de couture ; et plus on monte, plus on s'élève et plus ce personnel est entassé dans des soupentes absolument inhabitables.

Eh bien, ces sept étages — M. le ministre le sait comme moi, car il a visité les lieux — ne sont reliés entre eux, au-dessus des cintres, que par deux ponts de bois suspendus, larges de 60 centimètres. Si le feu prenait sur la scène, je n'ai pas besoin de dire que ces ponts de bois seraient les premiers la proie des flammes et ne serviraient absolument à rien. De plus, les bâtiments sont desservis, de chaque côté du théâtre, par un escalier de cent soixante-dix marches, qui n'a pas toujours un mètre de large, et dont la pente, au sixième et au septième est vertigineuse.

Ces escaliers, dont l'un est en bois, feraient en cas d'incendie, l'office de cheminées d'appel, et, comme dans les théâtres le feu se propage avec une rapidité effrayante, il est facile de se rendre compte du sort réservé à des malheureux affolés par la panique qui chercheraient à fuir par ces escaliers, s'y entasseraient, s'y écraseraient et seraient à coup sûr asphyxiés par la fumée avant d'être carbonisés par les flammes.

Beaucoup des employés du personnel chercheraient le salut en se précipitant par les fenêtres et viendraient se broyer sur le pavé des rues; on aurait une seconde édition du désastre occasionné à Rouen, en 1876, par l'incendie du théâtre des Arts.

Telle est, messieurs, en quelques mots très rapides, l'esquisse de la situation.

Mais je tiens à faire remarquer à M. le ministre que, si un pareil malheur arrivait, il ne faudrait accuser d'incurie ni la préfecture de police ni la préfecture de la Seine. C'est par centaines que ces administrations ont adressé des rapports au gouvernement sur ce triste état de choses, rapports dans

lesquels il est dit qu'il faut absolument y
remédier si l'on ne veut pas assumer la
plus grave des responsabilités.

Je sais bien que, de la lecture de ces rapports, il résulte que le public, lui, ne risque
rien, car la salle peut être vidée en moins de
cinq minutes ; mais le personnel tout entier,
ou presque tout entier, serait sacrifié. Eh
bien, le personnel est aussi intéressant que
le public, car il n'est pas là pour s'amuser,
lui ; il y est pour travailler et gagner sa vie.
(*Très bien ! très bien !*)

Il y a un moyen d'empêcher ce malheur ;
ce moyen consiste à augmenter le périmètre
de la scène en faisant l'acquisition de la
maison qui borde le théâtre du côté du boulevard. (*Exclamations.*)

. Je comprends vos exclamations, messieurs, et je sais aussi bien que vous que le
moment n'est guère propice pour demander
des crédits ; mais il y a là une question d'hu-

manité qui s'impose, et une question de responsabilité dont il faut se dégager.

J'ajoute qu'il ne s'agit ni de dépenses de
luxe ni d'embellissements somptuaires ; il ne
s'agit même pas, comme on l'a fait remarquer, de changer la façade du théâtre ; il
s'agit simplement d'aménager les locaux nécessaires au service de la scène et de garan-
tir l'existence de 3 ou 400 personnes. Il me
semble que cela en vaut la peine.

Du reste, la dépense n'est pas aussi considérable qu'on veut bien le dire ; elle s'é-
lève, avec l'acquisition de l'immeuble et l'a-
ménagement des divers locaux, à la somme
de 3 millions. (*Mouvements divers.*)

Mais, de ces 3 millions, il faut déduire
d'abord le prix de l'immeuble situé place
Louvois, qui sert de magasin de décors et
qui a une valeur de 800,000 fr. ; et, en second lieu, les loyers des boutiques de l'immeuble à acquérir, qui rapportent 60,000 fr.,

ce qui représente un capital de 1,200,000 fr.
La dépense ne serait donc que de 1 million
environ.

Certes, c'est là encore une forte somme,
mais je suis convaincu que la Chambre,
après avoir étudié la question, la voterait
si le gouvernement rejetait sur elle la responsabilité qui lui incombe aujourd'hui.

Voilà le fait que je tenais à signaler,
non seulement à l'attention de M. le ministre de l'instruction publique, mais à
celle du gouvernement tout entier, car l'O-
péra-Comique appartient à l'État, et, c'est
au gouvernement d'aviser et, selon moi,
d'aviser au plus vite. (*Approbations sur
plusieurs bancs. — Mouvements divers.*)

M. le président. — La parole est à M. le
ministre de l'instruction publique.

M. Berthelot, ministre de l'instruction
publique et des beaux-arts. — Messieurs, la
question que vient de poser l'honorable

M. Steenackers concerne, comme vous l'avez entendu, l'Opéra-Comique et les risques qui peuvent résulter de sa construction actuelle.

Je me suis préoccupé de cette question : elle m'a déjà été soumise cet hiver. J'ai visité les locaux ; j'ai constaté, en effet, que, s'il est facile d'ouvrir des dégagements aux spectateurs en cas d'accident ou d'incendie, la difficulté est incomparablement plus grande au point de vue du personnel, qui, dans certains cas, peut s'élever à près de quatre cents personnes, comme le disait M. Steenackers.

En effet, le dégagement de plus de la moitié de ce personnel ne peut s'effectuer que par une planche de 60 à 80 centimètres de large et qui est située au-dessus du cintre. C'est un véritable pont de Mahomet. Je crois que M. Steenackers a dû y passer. (*Hilarité.*)

M. Steenackers. — Oui, mais le feu n'était pas dans les cintres.

M. le ministre de l'instruction publique et des beaux-arts. — La chose est parfaitement légitime. L'honorable M, Steenackers, se préoccupant des dangers que pouvait présenter cette situation, avait absolument le droit de les étudier et de faire une enquête sur place.

Je répète que cette situation est tout à fait dangereuse, et il est positif que, si le feu se déclarait dans l'Opéra-Comique — et cette éventualité est malheureusement presque certaine dans un temps donné... (*Exclamations en sens divers.*)

Permettez, il n'est aucun théâtre qui n'ait brûlé, et même plusieurs fois, dans l'espace d'un siècle. C'est un fait de statistique ; par conséquent, nous pouvons considérer comme probable que l'Opéra-Comique brûlera... (*On rit.*) J'espère toutefois que ce sera le plus tard possible.

Dans la situation actuelle, si l'incendie se déclarait pendant le cours d'une représentation, ce serait une catastrophe.

Il est certain, comme on le faisait observer tout à l'heure, qu'on serait exposé à voir périr plusieurs centaines de personnes. C'est là une responsabilité très grave, une éventualité qui mérite au plus haut degré d'attirer l'attention du gouvernement et du Parlement.

Maintenant, la question est de savoir comment on peut y pourvoir, et c'est ici que se présente la difficulté,

En effet, nous avons fait procéder à une étude de la question et en voici les conclusions : il serait nécessaire, pour modifier cet état de choses, d'acheter la maison n° 11 du boulevard des Italiens, laquelle est située derrière la scène de l'Opéra-Comique. Si cette maison était réunie au théâtre, celui-ci se trouverait isolé de tous côtés et on pourrait, à l'aide de l'achat de cette maison, non pas modifier la façade du théâtre, ce qui entraînerait, des frais considérables, mais y placer les foyers, les loges d'artistes, les locaux des comparses et les bureaux de l'administration. Les pièces actuellement occupées par ces diverses destinations, des deux côtés de la scène, deviendraient le magasin des décors.

Voilà l'économie du système

La maison du boulevard continuerait à renfermer des boutiques qu'on louerait aux particuliers. Je ne vous fais pas de proposition, j'expose seulement la question. D'après le devis qui a été adressé, la dépense totale s'élèverait à 3,262.000 fr, Comme contre-partie, on aurait la vente des magasins de décors actuels, situés sur la place Louvois, lesquels sont évalués à 370,000 fr., et la location des boutiques du boulevard, qu'on évalue à 40,000 fr. par an,

Voilà le résultat de l'étude qui a été faite
de la question.

Il serait donc nécessaire, si l'on voulait
pourvoir aux difficultés qui se présentent et
résoudre le problème, d'apporter au Parle-
lement un projet de loi conforme aux indications précédentes. Ce projet de loi avait, en
effet, été préparé en 1883 par le conseil des
bâtiments civils, et je viens de vous en indi-
quer l'économie générale. Depuis 1883, il est
resté dans les cartons, attendu qu'on a re-
culé devant la dépense.

La seule chose que je puisse faire, c'est de
soumettre la question à mon collègue des
finances. (*On rit.*)

Si M. le ministre des finances juge qu'il
puisse accepter ces propositions, nous rédi-
gerons en commun ce projet de loi et nous
le soumettrons à la commission du budget.

Voilà, messieurs, l'état de la question ;

voilà ce que je me propose de faire. (*Très
bien ! très bien !*)

M. le président. — L'incident est clos.

Ce ne ne sont point les avertissements qui
firent défaut dans tout cette malheureuse
affaire.

Le colonel des pompiers Pâris avait envoyé
en 1882 le rapport suivant au Préfet de police :

« Vous n'ignorez pas, monsieur le préfet,
que, de tous les théâtres de Paris, ce sont ceux
de l'État qui sont les plus mal défendus contre
le feu. La canalisation de l'Opéra et celle du
Français sont insuffisantes. Ce dernier n'a pas,
en outre, de rideau de fer ; on pourrait en dire
autant de l'Odéon, puisque celui qui y existe
ne fonctionne pas depuis le 5 décembre 1876.
Ce sont là de très grosses lacunes ; mais au
moins peut-on dire qu'elles ne sont que de
détail, en ce sens qu'on peut y pourvoir sans
toucher au gros œuvre de l'édifice.

Il en est tout autrement de l'Opéra-Comique. L'exiguïté de la cage de scène, dont la capacité est encore diminuée par les nombreux décors que la nature de ses spectacles et l'absence à proximité immédiate d'une resserre contraignent les directeurs d'y garder, l'impossibilité de se mouvoir rapidement dans les dessous, véritables fouillis de charpentes presque contiguës, le petit nombre et l'étroitesse des portes de dégagement font de cette scène la plus dangereuse peut-être de tout Paris.

L'histoire des incendies des théâtres parisiens a surabondamment démontré l'insuffisance, pour les combattre, des pompes à bras : les pompes à vapeur peuvent seules venir à bout d'un pareil foyer. Or, si vous voulez bien considérer, monsieur le préfet, que les pompes à vapeur les plus rapprochées de l'Opéra-Comique auraient près de 2,500 mètres à parcourir au milieu des rues les

plus populeuses de Paris, si vous tenez compte
du peu de largeur des rues Favart et Marivaux, vous comprendrez certainement que,
si un feu éclatait à l'Opéra-Comique et n'y
était pas éteint au bout de cinq minutes à
l'aide des secours en place, nul ne peut prévoir à quel degré d'intensité il arriverait et
quelles en pourraient être les conséquences.
Je n'hésite pas à déclarer que la situation
actuelle est une épée de Damoclès constam-
ment suspendue sur le quartier.

Mais ce danger n'est pas le seul que la
Ville et la population courent du chef de
l'Opéra-Comique ; il en est un autre aussi
considérable, s'il ne l'est plus : c'est celui
que constitue l'existence, sur la place Louvois,
de son magasin de décors.

Ce magasin couvre une surface de près de
cinq cents mètres carrés ; à droite et à gauche
il est adossé à des hôtels particuliers ; derrière se trouve une petite cour d'isolement ;

mais, comme son mur postérieur, à partir
du deuxième étage, est percé de larges baies,
la propagation de l'incendie par les énormes
flammes qui en sortiraient est assurée.

La cave, bondée de praticables, est séparée du rez-de-chaussée par un parquet en bois
reposant sur des arceaux en maçonnerie.

Le rez-de-chaussée (montant jusqu'au
deuxième étage) renferme tous les décors de
l'Opéra-Comique, avec un simple passage de
deux mètres au milieu ; l'étage supérieur
renferme les ateliers de menuiserie ; le dernier, ceux de peinture.

Pas le moindre secours en eau, d'ailleurs ;
et j'ajouterai : impossibilité d'en établir de
suffisants, à moins de modifications profon-
des dans le gros œuvre du bâtiment et du
remplacement de sa toiture.

Or, et comme si cet amoncellement de matières éminemment combustibles, sans protection, n'était déjà pas assez grave par lui-

même, tandis que dans les théâtres, à coup
sûr moins dangereux que ce dépôt, les précautions les plus minutieuses sont prescrites
et prises pour les isoler abolument de toute
cause extérieure, mais rapprochée, d'incendie,
toute la façade du bâtiment de la place Louvois, du rez-de-chaussée au faîte, se compose
de chambres et de cabinets séparés par de
simples cloisons, ou des murs en pans de
bois du dépôt de décors et des ateliers, habi-
tés par des ménages chez lesquels les four-
neaux pour la cuisine, les poêles pour le
chauffage, les lampes et bougies pour l'éclairage constituent à l'état permanent des chan-
ces d'incendie.

Que, dans ces conditions, le feu n'ait pas
pris, non pas une, mais vingt fois, cela tient
du prodige, et on ne peut en être que stupé-
fait ; mais on serait encore plus imprudent,
à mon avis, en concluant qu'il n'y prendra
jamais. Or, le jour où ce sinistre écla-

tera, il aura pour conséquence forcée :

1° La destruction complète du matériel de décoration ;

2° Celle plus ou moins étendue des immeubles contigus, en raison des très grandes difficultés que présente l'attaque du côté opposé à la place ;

3° La fermeture de l'Opéra-Comique pendant tout le temps nécessaire à la reconstruction des décors, c'est-à-dire probablement pendant bien près d'une année.

Au moment où l'administration exige des propriétaires des théâtres particuliers et même de la Ville des sacrifices qui, pour être commandés par la sécurité publique, n'en sont pas moins très onéreux, il m'a paru, monsieur le préfet, que j'avais le devoir de vous signaler la très grave responsabilité qu'elle assume en conservant, au cœur même de Paris, des éléments aussi menaçants d'incendie particulièrement redoutables. Je crois donc devoir vous signaler comme urgente l'adoption des mesures suivantes :

1° Affectation au théâtre de l'Opéra-Comique d'une partie de l'immeuble qui lui est contigu du côté Nord ;

2° Transformation de cet immeuble à partir du plancher de scène en une resserre des décors courants, séparée de la scène proprement dite par un gros mur et les portes en fer, et en un corps de garde des sapeurs-pompiers.

3° Évacuation immédiate du magasin de la place Louvois, et translation des décors qu'il renferme dans un bâtiment isolé et organisé pour la défense contre le feu. »

Au mois de mai 1886. *(Il ne faut pas oublier que le rapport du colonel Pâris date de 1882)*, MM. Goblet et Sadi Carnot présentèrent au Conseil des Ministres un projet relatif à l'agrandissement et à l'isolement de l'Opéra-Comique.

La principale objection que l'on fit à ces messieurs fut que la fermeture du théâtre causerait un grave préjudice à M. Carvalho et réduirait à la misère la plus grande partie du personnel. Dans l'alternative de fermer l'Opéra-Comique ou de le laisser brûler, le gouvernement s'arrêta donc de préférence au parti le plus terrible et le plus coûteux.

Les flammes ont dévoré l'Opéra-Comique que l'on avait laissé tel quel par de coupables motifs d'économie, qui auront eu pour effet de décupler les charges de l'État. Il s'agissait d'améliorer quelques détails. Il s'agit aujourd'hui de tout refaire.

Voici les extraits les plus importants du projet de M.M. Goblet et Sadi Carnot :

L'Opéra-Comique, à cause de la disposition même du bâtiment, adossé directement à un immeuble particulier, se trouve dans les conditions les plus défavorables, au point

de vue des secours immédiats à apporter
en cas de sinistre et de sauvetage du personnel de la scène et du théâtre, à peu près
impraticable dans les conditions actuel-
les.

Un commencement d'incendie, heureusement sans gravité, qui vient d'avoir lieu dans
ce théâtre, appelle de nouveau sur cette
question l'attention du gouvernement, qui
ne saurait ajourner plus longtemps la demande de crédit nécessaire pour remédier à
un tel état de choses sans engager de la façon la plus grave sa responsabilité,

Ce théâtre, malgré des améliorations considérables, dont une seule a coûté 150,000 fr.,
pour la création d'un magasin au-dessus
du péristyle de la salle Favart, reste dans
une situation très mauvaise et très inquié-
tante ; il n'était pas possible de prendre les
dispositions indispensables pour permettre
au personnel du théâtre d'évacuer, en temps

utile, les locaux affectés à la scène et à l'administration.

Constater que ce personnel comprend aujourd'hui plus de 400 personnes qui, dans certaines circonstances, peuvent toutes se trouver réunies à l'Opéra-Comique, et faire voir qu'avec les dégagements actuels, la plupart d'entre elles seraient dans l'impossibilité d'échapper à la mort, c'est assurément justifier la proposition de la loi qui est soumise à vos délibérations et en établir l'urgence.....

. . . .

En résumé, d'un examen approfondi de la salle Favart... il ressort :

1° Que la partie du bâtiment qui est affectée à la scène et à ses dépendances est absolument hors de proportion avec les besoins du théâtre ;

2° Que les dégagements ne sont ni en assez grand nombre, ni d'assez larges dimensions pour que l'évacuation de la scène, des foyers, des loges et des magasins puisse s'effectuer promptement dans un cas pressant;

3° Que le défaut de place a eu pour conséquence l'accumulation dans les dessous du théâtre d'un matériel dont la combustion spontanée est toujours à craindre.

4° Que, dans ces conditions, le personnel de l'entreprise est doublement menacé dans sa sécurité, d'abord par la réunion sur un étroit espace de toutes les causes susceptibles de déterminer un incendie, ensuite par l'insuffisance des moyens de retraite qui lui sont ménagés.

La situation est trop déplorable pour qu'il ne soit pas urgent d'y porter remède.

. . . .

Le projet comportait l'expropriation de l'immeuble adossé à l'Opéra-Comique et l'appropriation des locaux.

L'exposé des motifs se terminait ainsi:

Le nouveau bâtiment offrirait des locaux convenables à l'administration du théâtre et au personnel de la scène, qui ont actuellement des installations indignes de notre seconde scène lyrique ; mais, surtout, l'État serait déchargé de la grave responsabilité qu'il encourt actuellement en permettant que le personnel d'un théâtre soit exposé chaque jour aux plus gros dangers.

Malgré le ton cavalier de sa réponse, il faut reconnaître que M. Berthelot avait tenu compte des révélations de M. Steenackers [1].

1. Un de nos confrères a vu M. Steenackers et lui a demandé pour quelles raisons il avait adressé son interpellation au ministre quelques jours avant la catastrophe. L'événement lui ayant donné raison si tôt, on voulait savoir s'il avait un pressentiment ou une inquiétude motivée.

Le député a répondu en substance :

« Je n'avais pas plus de raison ce jour-là qu'aujourd'hui. Depuis deux ans j'étais au courant des tristes conditions que présentait l'Opéra-Comique, au point du vue de la sécurité des spectateurs, et surtout du personnel.

» J'étais monté par ces escaliers de bois contournés et

Le ministre avait prescrit à M. Jules Comte
directeur des bâtiments civils, de chercher
les moyens de parer au péril le plus pressant,
et ce fonctionnaire avait eu une entrevue avec
M. Magne, architecte de la Société des Chargeurs réunis qui occupe l'immeuble adossé
au théâtre. Ces deux messieurs avaient jeté
les bases de la location par l'Etat de deux
sorties provisoires.

Il faut rappeler également que le gaz allait

tortueux, vrais chemins de la mort en cas d'incendie. Je
savais, pour l'avoir vu de mes yeux, le danger colossal
que présentait cet immeuble, sec et vermoulu, prêt à flamber comme un feu de paille, sans laisser une retraite aux
victimes.

» Et j'avais signalé cet état de choses sans qu'on eût tenu
compte de mes observations.

» Enfin, il y a trois semaines, un accident est arrivé, que
vous avez pu lire dans les journaux. Une herse s'est déta-
chée de cintre pendant un entr'acte de l'*Etoile du Nord*,
blessant dans sa chute la première danseuse à l'épaule et
le chef machiniste à la jambe.

» La situation devenait plus périlleuse que jamais. Je
me décidai à interpeller publiquement. »

être radicalement supprimé et remplacé par la lumière électrique.

Ces précautions contre un danger tant de fois annoncé devaient donc arriver trop tard.

Deux ans auparavant, M. le comte Lemarois, propriétaire de l'immeuble portant le Nº 11, boulevard des Italiens, avait proposé au ministère des beaux-arts de s'entendre avec lui pour ouvrir, de la maison au théâtre, des voies de dégagement.

Il offrait de louer à l'État un vaste local du premier étage, autrefois occupé par un cercle, et où se trouvent actuellement les bureaux de la Compagnie des Chargeurs Réunis.

A ce moment l'administration, qui espérait obtenir de la Chambre les 3 millions nécessaires à l'acquisition de l'immeuble en entier, ne donna pas suite à ces propositions.

La boutique de la papetière, située rue Fa-

16.

vart, aurait été également louée, moyennant
une indemnité de 10 ou 12,000 francs versée
une fois pour toutes à cette commerçante.
Sur cet espace de 10 mètres carrés environ,
un large escalier aurait été construit, allant
jusqu'aux combles de l'édifice.

Sur le boulevard des Italiens, l'escalier du
n° 11 aurait été agrandi, aux frais du propriétaire, moyennant une indemnité annuelle
versée par l'État. A chaque étage du théâtre
un chemin de ronde aurait été établi avec
des portes percées sur cet escalier et ne pou-
vant s'ouvrir que du côté du théâtre.

Pour éviter tout abus, les serrures de ces
portes auraient été couvertes par de légères
glaces comme celles posées dans les wagons
de chemin de fer devant les sonnettes d'a-
larme. Ces glaces n'auraient été brisées qu'en
cas d'alerte.

L'avantage de ce projet était que toutes
ces mesures pouvaient être prises immédia-

tement, sans demander de crédits nouveaux aux Chambres et moyennant une dépense annuelle de 3,000 francs au plus pour l'État.

Pourquoi n'a-t-on donc point fait cette dépense annuelle de 3,000 francs ?

Si l'administration de Beaux-Arts n'avait point à sa disposition cette misérable somme, il était bien simple de supprimer quelques fonctionnaires pour se la procurer.

Le budget du département des Beaux-Arts est bien drôlement établi, s'il permet de rétribuer un nombreux personnel pour étudier les travaux à faire alors qu'il ne reste plus d'argent en caisse pour les effectuer.

C'est un peu l'histoire de l'Opéra-Comique L'État a entretenu une nuée de fonctionnaires qui ont prouvé par $A+B$ que l'Opéra-Comique devait brûler, si l'on ne prenait pas telle et telle mesure, mais, quand il s'est agi de pratiquer ces mesures urgentes, l'administration des Beaux-Arts n'avait plus un sou.

Il en a été de même, sous un autre rapport à la Sainte-Chapelle. L'administration a eu les fonds pour faire dresser des échafaudages énormes autour de cette merveille architecturale. Elle a dû les y laisser un temps infini n'ayant point le premier maravédis pour les faire enlever.

Si je ne m'abuse même, on attendit que ces ruineux échafaudages, dont la charpente avait été si coûteuse, fûssent vermoulus, pour exécuter cette opération indispensable.

---

1. M. Georges Moynet, dont le père fut longtemps un des principaux décorateurs de l'Opéra-Comique, m'a conté ce souvenir qui date d'une vingtaine d'années :

« J'accompagnais souvent mon père à l'Opéra-Comique. Quand il avait terminé ses affaires, il disait souvent.

» Maintenant, je m'en vais... Je n'ai pas envie de griller ici. »

— On voit que le péril ne datait pas d'hier.

L'INCENDIE

Pendant la représentation de *Mignon*, qui avait été précédée du *Chalet*, alors qu'acteurs et figurants jouaient la scène des Bohémiens, au premier acte, des étincelles tombèrent sur la scène derrière Mlle Merguillier (Philine), qui, accoudée sur la balustrade du décor de la terrasse, achevait à ce moment avec M. Soulacroix (Laërte) le duo : « Oui, voilà pour ce soir ma nouvelle conquête... Je veux, je veux la revoir ». Le public commença à s'émouvoir, surtout au balcon et aux premières loges, où les spectatrices étaient en grand nombre. Une nouvelle chute de flammèches assez volumineuses acheva de jeter l'alarme, et le public se mit à évacuer la salle en voyant Mlle Merguillier s'enfuir après avoir échangé rapidement quelques paroles avec M. Soulacroix, qui levait la tête vers les frises. A cet instant, M. Taskin s'avança vers la rampe.

— Rassurez-vous, dit-il, il n'y a aucun danger.

Lui aussi, en disant ces mots, regardait les frises, où un rideau appartenant à un décor de *Lakmé* venait de tomber sur une herse à gaz, au contact de laquelle il avait pris feu. On ne croyait pas à l'imminence du danger, et les spectateurs des fauteuils de balcon et d'orchestre ne négligèrent point de réclamer aux ouvreuses les effets laissés au vestiaire. Cependant les lambeaux de toile enflammée continuaient à tomber, puis un lustre s'écroula sur la scène. Artistes, choristes et figurants se précipitèrent pêle-mêle dans la coulisse. Les musiciens de l'orchestre enjambèrent la balustrade qui les sépare du public et s'enfuirent par les issues de la

salle. Aux deuxième et troisième galeries,
l'affolement était à son comble. On se pres-
sait dans les couloirs trop étroits, au milieu
des cris de détresse et des appels désespérés.
Du plafond du théâtre une fumée épaisse
s'échappait avec des flammèches.

Dans la rue Favart, sur laquelle s'ouvre la
porte des artistes et de l'administration, s'en-
fuyaient les acteurs et les figurants avec les
costumes de leurs rôles. D'autres étaient restés
dans leurs loges, paralysés par l'épouvante.

M. Guillaud, officier de paix de l'arrondissement, rassemble à la hâte une poignée d'agents et, avec quelques machinistes
et quelques personnes courageuses, il pénètre
dans le foyer et dans les loges des artistes,
faisant tout évacuer. Des danseuses et des
figurantes sont emportées à demi, nues.
Mmes Merguillier et Simonnet, MM. Taskin,
Mouliérat sont bientôt hors de danger. Le
baryton Soulacroix, qui était resté un des

derniers sur la scène avec le régisseur Bernard, croyant les issues coupées par l'incendie, descend de la fenêtre de la loge de M. Talazac sur la marquise. Le vitrage se brise et M. Soulacroix tombe sur la chaussée. On le relève le visage et les mains ensanglantés, mais sans blessure sérieuse ; il s'essuie le visage et se rend au café Riche, où il a été pansé.

A cet instant, quelques spectateurs de la troisième galerie et de l'amphithéâtre, qui n'ont pu s'échapper par les couloirs, paraissent, appelant : « au secours ! » aux balcons du troisième étage. Ils courent, dans un va-et-vient affolé, implorant les passants et les gardiens de la paix, qui crient : « Attendez ! ne craignez rien ! les échelles arrivent ! » Figurants et artistes, à demi vêtus, avec des pardessus jetés à la hâte sur leurs costumes de théâtre, encombrent la rue, se demandant si tel ou tel de leur camarade a été sauvé.

Il est à cet instant neuf heures vingt minutes. Des applaudissements éclatent. C'est une pompe à bras et quelques échelles qui arrivent dans la rue Favart. Les pompiers commencent à appliquer les échelles sur la façade du théâtre. Un des malheureux qui attendaient du secours sur le balcon extérieur des troisièmes galeries enjambe la balustrade et se précipite dans le vide. Son corps rebondit sur le rebord en fonte de la marquise et vient se briser sur le pavé. Cependant, les pompiers et les gardiens de la paix sont parvenus au balcon. Les spectateurs sont sauvés l'un après l'autre. Un homme en blouse se précipite du faîte de la corniche et tombe sur la place Boieldieu.

Les flammes, plus intenses, jaillissent du plafond. Une fumée épaisse obscurcit la rue Favart, qui est évacuée. Les pompiers du théâtre et des ouvriers plombiers sortent avec la caisse, qu'ils sont parvenus à sauver.

Toutes les devantures des magasins situés dans les rues adjacentes sont fermées. Derrière les vitres des fenêtres on aperçoit des visages pâles et anxieux. De tous côtés arrivent des pompiers et des gardiens de la paix. A travers les ardoises de la partie inclinée de la toiture, de minces filets de flammes commencent à filtrer, tandis que toute la partie supérieure est en feu. Des échelles de sauvetage sont appliquées sur la façade de la rue Boieldieu. Les pompiers pénètrent de tous côtés dans la salle Favart, par les fenêtres et par les portes. A cet instant, trois femmes en cheveux, puis un homme apparaissent au balcon de l'amphithéâtre, sur la corniche. Ils tentent d'abord d'enjamber la balustrade pour se précipiter dans le vide. Mais la foule les conjure d'attendre et leur montre les échelles qui s'accrochent aux deuxièmes galeries. Ces malheureux se pressent à l'angle de la corniche, trépignants, affolés. Une an-

goisse horrible doit les étreindre, car l'échelle
est trop courte et les pompiers doivent des-
cendre pour chercher une rallonge. Enfin on
les emporte inanimés, à demi carbonisés.
Les pompiers qui ont opéré cet émouvant
sauvetage sont applaudis. La pharmacie
Mialhe, transformée en ambulance, reçoit
les blessés.

Dans ce crépitement des flammes, un appel
de clairon retentit. Il est neuf heures trente-
cinq minutes. C'est le ralliement qui sonne,
invitant les pompiers et les gardiens de la
paix qui se trouvent dans la salle à l'évacuer.
Ils accourent par toutes les issues et se mas-
sent sur la place Boieldieu. Les premiers jets
d'eau lancés par les pompes-lances atteignent
à peine le milieu de la façade, à cause de
l'insuffisance de la pression. Une échelle est
dressée sur la place et les pompiers grimpés
au faîte envoient des gerbes d'eau sur la
toiture.

Des troupes de ligne et des gardes de Paris sont arrivés, et des barrages ont été éta-
blis pour contenir la foule dans toutes les
rues qui conduisent à la salle Favart. Il ne
reste sur la place Boieldieu que les magistrats, les officiers et les gardiens de la paix,
et quelques journalistes. On craint une explosion de gaz. A dix heures, on annonce
que tout danger de ce côté est écarté, tous
les tuyaux de conduite ont été coupés par
une équipe de plombiers. Soudain, un mouvement se produit : des pompiers et des
agents s'élancent dans l'intérieur de la salle
par la grande porte. Les officiers les pour-
suivent et les contraignent à sortir. Peu -
être avait-on entendu un appel désespéré
dans l'intérieur du théâtre.

A dix heures et demie, le spectacle est sai-
sissant, féerique. La toiture s'écroule, avec
des bruits sourds d'effondrement dans l'intérieur de la salle. Une gerbe plus intense

s'échappe à travers les fenêtres des galeries supérieures.

C'est le magasin des costumes qui prend feu. Et des lueurs vertes, bleues, roses, multicolores se mêlent à la flamme crue. On dirait de petits feux de Bengale flambant devant la pièce principale d'un feu d'artifice. La place Boieldieu n'est plus qu'une mare boueuse et l'on patauge jusqu'à la cheville devant ce brasier immense. Les façades des maisons de la rue Marivaux sont éclairées par une lumière blafarde, tandis que la rue Favart apparaît comme un couloir sombre et rempli de fumée, que traversent par instants des flammèches et des débris de poutres en feu. A travers les rideaux transparents de la terrasse du foyer, l'intérieur de la salle semble éclairé par une lumière pâle, comme la lumière électrique. Par les portes du rez-de-chaussée, la salle apparaît comme un âtre immense dans lequel s'écroulent, avec des

craquements sinistres, les balcons, les corniches, les colonnades.

A onze heures un craquement se fait entendre, suivi bientôt d'un autre. C'est la toiture qui s'est effondrée en deux fois. Tous
ceux qui assistent à l'incendie, sur la place
Boieldieu, se réfugient sur le trottoir opposé
et se serrent contre les maisons, s'abritant
sous les balcons et sous les auvents des magasins. De tous côtés, on s'écrie : — Prenez
garde ! le toit va s'écrouler sur la place.

Le feu a gagné les loges de balcon et les
fauteuils de balcon. La clarté pâle qui bril-
lait à travers les vitrages de la terrasse est
maintenant rouge et crue. Le jet des pompes, qui était dirigé jusqu'à cet instant contre la toiture et les étages supérieurs s'a-
baisse. Les gerbes d'eau frappent avec un
bruit de tambour sur les vitres de la terrasse, qui résistent à la force du jet. Durant
dix minutes l'eau qui se brise sur le verre

s'éparpille, inondant les pompiers et les spectateurs.

— Brisez les carreaux avec des pierres ou avec un revolver, crie-t-on de tous côtés.

Un commissaire de police et un journaliste tirent dans le vitrage deux coups de revolver, sans résultat. Un officier de pompiers saisit des pierres et parvient à casser les vitres. Les jets entrent de toutes parts dans le brasier. Par cette brèche béante de la terrasse on peut contempler l'intérieur de la salle. A travers la fumée et la flamme blanche, les colonnades, les ogives, les corniches, les rebords des balcons se dessinnent nettement. Ils sont entourés d'une bordure de braise ardente et ils brillent d'une lueur rouge, comme les pièces d'un feu d'artifice qui achève de se consumer. A partir de cet instant, l'incendie devient moins intense, les gerbes de feu sont moins éclatantes. On sent que le feu a accompli son œuvre de dévastaion. Il décroît extérieurement, mais il va commencer son travail de mine, de rongeur, s'insinuant dans tout ce qui reste debout, sapant lentement ce que la flamme n'a pu dévorer du premier coup. La fin de cette première phase de l'incendie est marquée par une fumée plus rare, d'odeur insupportable, et par des effondrements dont on perçoit le bruit sourd.

(Récit du journal *Le Temps*,
Nº du 27 mai 1887).

LA SALLE FAVART

L'Opéra-Comique est un théâtre en actions (capital : 300,000 francs, en vingt parts de 15,000 francs).

Les principaux intéressés sont ; MM. Cayard, Georges Petit, Hecht, Choudens père, Émile Abraham, Calmann Lévy, baron de Reinach, Durand, l'éditeur de musique ; Tabourier, Brame.

La salle qui vient ainsi de disparaître avait été commencée en 1781 sur les plans de l'architecte Heurtin ; elle fut achevée en 1783. Le 24 avril de la même année, la *Comédie-Italienne* vint s'y établir. Le 15 janvier 1838, la salle de l'Opéra-Comique fut détruite par un incendie.

17.

En 1839 la salle Favart fut reconstruite. Voici le texte de la loi qui a trait à sa reconstruction :

Loi du 7 août 1839

Art. 1er. Le ministre de l'intérieur est autorisé à mettre en adjudication, avec publicité et concurrence, la reconstruction de la salle Favart, pour y établir l'Opéra-Comique, sous les conditions et clauses du cahier des charges annexé à la présente loi.

Le rabais portera sur la durée et la jouissance à concéder à l'adjudicataire.

Art. 2. A l'expiration du terme fixé par l'adjudication, la salle reconstruite et ses dépendances feront retour à l'État.

Art. 3. L'adjudicataire pourra employer les matériaux provenant de l'ancienne salle. Il recevra en outre une somme de 300,000 fr. égale à l'indemnité versée au Trésor par la Compagnie d'assurance du théâtre, par le directeur de l'ancienne salle, et qui demeurent définitivement acquis à l'État. Cette somme sera payée à l'adjudicataire après la réception des travaux.

Art. 4. Pour subvenir à la dépense énoncée en l'article précédent, il est ouvert au ministère de l'intérieur, sur l'exercice de 1839, un crédit extraordinaire de 300,000 fr.

Art. 5. L'autorisation donnée par la présente loi cessera de plein droit si, dans les trois mois à partir de sa promulgation, l'adjudication définitive n'a pas lieu.

Le cahier des charges portait que l'adjudicataire s'engageait à rétablir un théâtre à ses frais sur l'emplacement de l'aucienne salle Favart, et à le faire garnir et équiper des matériel et décorations, accessoires et meubles nécessaires à l'exploitation de l'Opéra-Comique. Les travaux devaient être exécutés sous la surveillance d'un architecte délégué et être terminés au 1ᵉʳ avril 1840, sous peine, pour les adjudicataires, de payer, à titre d'indemnité, une somme de 1,000 francs par chaque jour de retard au directeur de l'Opéra-Comique.

Le prix de la location était fixé à 70,000 fr., y compris un magasin établi rue Louvois.

Le ministre des Beaux-Arts avait contracté, ou plutôt renouvelé, le 11 juillet 1879, une assurance de 1,100,000 fr. sur l'immeuble de la salle Favart, moyennant une prime annuelle de 15 pour 1,000.

Cette assurance s'applique au bâtiment, au lustre et aux meubles nécessaires à l'exploitation, ainsi qu'aux décors de l'ancien répertoire, qui appartiennent à l'État. Les assureurs sont au nombre de cinq. Ce sont les compagnies l'Urbaine, la Générale, la Nationale, la Providence et l'Union.

Les décors et costumes appartenant à la

Société d'exploitation dont M. Carvalho est directeur sont assurés, en dehors de la police de l'État, moyenant une prime annuelle de 15 pour 1,000, pour une somme répartie entre différentes Compagnies et qui doit s'élever probablement au total de 250 ou 300,000 fr.

En admettant que les Compagnies aient à payer intégralement le montant de l'assurance, elles se trouveront rembourser les primes qu'elles avaient touchées depuis trente-cinq ans, avec les intérêts à 4 0/0 qu'elles en avaient tirés.

Il est bon de rappeler ici, pour que chacun puisse faire judicieusement son enquête personnelle, la consigne du service d'ordre spécial à la salle Favart :

ARTICLE 1er

Éclairage

Des lampes à l'huile seront placées aux endroits ci-dessous désignés :

Dans la salle

1 lampe à la sortie du parterre ;

2 — une à chaque entrée des fauteuils d'orchestre ;

2 — une à chaque entrée des 1res galeries ;

2 — à chaque entrée des 2es galeries ;

2 — dans l'amphithéâtre.

Couloirs et escaliers

4 lampes dans le couloir du rez-de-chaussée ;

4 — — des 1res loges ;

4 — — des 2es loges ;

4 — — des 3es loges :

4 — -- de l'amphithéâtre ;

6 — trois dans chaque escalier de côté dont une à chaque étage ;

2 — une dans chaque révolution montant à droite et à gauche du vestibule au 1er étage ;

4 — dans le grand vestibule ;

4 — dans le foyer.

ARTICLE II

Circulation intérieure

§ 1er. — Aucune barrière, cloison mobile ou grille, ne doit encombrer les couloirs, escaliers ou vestibules.

§ 2. — Escaliers. — Le théâtre comprend :

1º Les deux grands escaliers qui, de chaque côté du vestibule, conduisent à la première galerie ;

2º Les deux escaliers qui, partant du vestibule, communiquent à tous les étages ;

3º L'escalier de fer, côté cour, à l'avant-scène ;

4º Les deux escaliers qui font communiquer le couloir des fauteuils d'orchestre, le premier avec la rue, le deuxième avec le couloir de la location qui aboutit rue Marivaux.

Tous ces escaliers doivent être laissés à la circulation du public.

Les portes des paliers de l'escalier de fer doivent être tenues vitrées à leur partie supérieure et elles doivent pouvoir s'ouvrir de l'intérieur de la salle.

ARTICLE III

Sortie

§ 1. — Le théâtre comprend :

1º Les portes du grand vestibule donnant sur la place Boieldieu, de face, de droite et de gauche ;

2º La sortie sur la rue Favart ;

3º La sortie sur la rue Marivaux.

Toutes ces portes doivent être ouvertes.

§ 2. — Dans le couloir du rez-de-chaussée, où se fait la location le long de la rue Marivaux, les passages d'accès qui y aboutissent venant de la salle, ou donnant sur la rue, doivent être ouverts.

Plantons

Le service de police comprend :

1 Sous-officier, 1 brigadier, 10 hommes de la garde républicaine, 5 gardiens de la paix.

En cas d'alerte, un planton se portera dans le couloir de la rue Marivaux et ouvrira toutes grandes les issues donnant sur la rue.

Les deux plantons placés aux portes situées près de la sortie de l'orchestre, l'un du côté de la rue Favart, l'autre du côté du couloir Marivaux, feront évacuer par ces issues le public du rez-de-chaussée.

Deux autres plantons se porteront au premier étage ; ils se placeront, l'un à droite, l'autre à gauche de la salle, entre le grand escalier et l'escalier desservant tous les étages, et ils dirigeront autant que possible le public vers le grand escalier, afin de laisser l'escalier secondaire à la disposition du public des étages supérieurs.

A chaque étage supérieur, un planton se portera entre les deux escaliers pour diviser le public et le diriger vers la droite et la gauche.

THÉATRES INCENDIÉS

Bien que M. Berthelot ait prétendu que les théâtres sont faits pour brûler, les incendies de salles de spectacle sont assez rares. Cela prouve que l'on pourrait parfaitement prendre des mesures pour les conjurer à peu près complètement.

Il y a donc, pour éviter tout danger de feu, des mesures à prendre. Aucun motif n'est assez puissant pour relever les directeurs de théâtre de l'obligation de ces précautions indispensables.

Il y a une commission d'hygiène et de salubrité qui veille à Paris sur les logements et les garnis. L'État et les municipalités ont tout aussi bien le droit de

veiller à la sécurité des spectateurs dans les
salles de spectacle qu'à la santé des citoyens
dans leur domicile privé.

Nous reviendrons plus loin sur le rôle de
la commission d'incendie, mais nous devons
constater ici que certains journalistes in-
féodés aux théâtres ont raillé à tort et à
travers les travaux de cette commission. Le
colonel des pompiers, par sa rare franchise,
s'est attiré des plaisanteries faciles. M. Francisque Sarcey, dans une campagne absolument impopulaire, s'est efforcé de démontrer
que nous devons griller à la comédie comme
des marrons sur une tôle à trous.

Ce critique influent, qui éprouve sans cesse
le besoin de se mettre en scène, prétend que
les consignes sont faites pour être violées.
Il nous en donne un exemple à l'appui.

J'avais lu quelque part, nous dit-il en
substance, que l'on deviendrait maître du
feu, dans toutes les maisons, si l'on avait

soin de tenir en permanence, à chaque étage,
un balai trempé dans un seau d'eau. Je fis
installer le balai et le seau. Au bout de
quinze jours, plus de balai. Au bout d'un
mois, plus de seau...

On fit dans la maison du critique, des
gorges chaudes sur la « précaution inutile. »
Le sous-sol de l'hôtel de la rue de Douai
était peuplé de Beaumarchais en tablier
blanc!

M. Sarcey est incontestablement dans son
droit absolu. S'il brûle, c'est son affaire.
Personne ne peut l'obliger à astreindre ses
gens à une consigne régulière. La question
est tout autre pour un directeur. Ses acteurs
ont le droit de brûler les planches. Il n'a pas
le droit de brûler le public.

Si les ordonnances de police lui prescrivent tout un ensemble de précautions, il doit
se tenir en règle ou fermer boutique. En
cas de négligence, il s'expose à des contra-

ventions et assume de lourdes responsabilités.

M. Sarcey peut se livrer chez lui à toutes les imprudences, il n'expose que lui. Un impresario n'a pas le droit d'exposer la vie de gens qui ont payé très cher le droit d'occuper de fort mauvaises places. Sans doute nous n'avons pas à enregistrer tous les mois l'incendie d'un théâtre, mais l'Opéra a été incendié plusieurs fois, et la salle Favart a été deux fois la proie des flammes. Il en a été de même de l'Odéon.

Ces sinistres causent presque toujours d'effroyables malheurs. Nous ne voulons pas remonter à des dates trop lointaines... Rappelons que l'on a compté 8 morts, 14 blessés, à l'incendie du théâtre des Arts, à Rouen, et que l'on a ramassé 70 cadavres dans les décombres du théâtre de Nice.

La catastrophe du *Ring-Theater*, de Vienne, a fait plus de 200 victimes. Il y a eu procès. Le directeur de ce *théâtre subven-*

tionné, M. Jauner, a été condamné à 4 mois de prison, et son chef-machiniste à 8 mois de la même peine.

On voit par ce précédent qu'il existe des responsabilité.

LES RESPONSABILITÉS

———

Nous arrivons à la partie la plus délicate de ce travail. Nous l'abordons avec la plus grande impartialité, dans un esprit de justice et de modération.

Ce qu'il faut rechercher avant tout, c'est l'exacte répartition des responsabilités.

La première enquête doit porter sur la cause initiale de l'incendie. Il est en effet superflu de démontrer qu'il n'y aurait point eu de feu, s'il n'y avait point eu d'étincelle.

C'est l'enquête de M. Guillot, juge d'instruction, qui doit conclure sur ce point.

Il importe d'établir, par tous les moyens et par l'examen le plus minutieux, si le feu s'est déclaré par suite de la négligence du personnel ou par suite du délabrement de quelque pièce appartenant au matériel de l'exploitation.

L'administration de l'Opéra-Comique ne doit être rendue responsable que d'un acte de négligence. Il serait de toute injustice, par conséquent, de lui faire un crime d'un de ces accidents que la prudence humaine ne peut prévoir.

Elle doit être ensuite rendue solidairement responsable avec les autorités chargées du contrôle de tous les manquements aux ordonnances prescrites pour écarter tout danger de feu.

Là s'arrêtent les responsabilités de la direction d'une scène subventionnée.

Après l'enquête sur les causes de l'incendie, dont M. le juge d'instruction Guillot a été chargé, il en reste une seconde à poursuivre.

Un incendie ayant éclaté dans le théâtre de l'Opéra-Comique, ce théâtre se trouve-t-il en règle avec les ordonnances formulées en vue d'assurer la sécurité du public ?

Les prescriptions du service d'ordre ont-elles été observées ?

Le théâtre se trouve-t-il dans l'état exigé par les règlements ?

Ici, la préfecture de police et le corps des pompiers se trouvent directement mis en cause.

Pour le reste, commence la responsabilité de l'État qui — ne l'oublions pas, — était maître absolu de la salle de la rue Favart.

RESPONSABILITÉ DE M. CARVALHO

La responsabilité de M. Carvalho est loin d'être légère, mais elle est la plus difficile à démêler et à définir.

Nous ne pouvons nous faire ici l'écho de racontars et de révélations plus ou moins exacts que les journaux ont accueillis dans l'affolement de la première heure.

Nous devons nous borner à rappeler que plusieurs alertes ont précédé l'incendie du théâtre et qu'il y a eu, dans ces accidents signalés par la presse, un commencement de preuve pour l'instruction.

Nous rappellerons également que le préfet de police, M. Andrieux, au lendemain de l'incendie du théâtre de Nice, répondit à un sentiment d'inquiétude générale en imposant aux directions parisiennes certaines mesures de prudence.

Il y a dans l'ordonnance du 16 mai 1881 — *qui n'a jamais été rapportée* — un certain article 16 qui prescrit de rendre les décors ininflammables au moyen d'une prépation spéciale bien connue.

Ce même article dispose qu'avant leur mise en service les décors seront essayés, au point de vue de l'inflammabilité, devant la

commission des théâtres, qui visite les théâtres une fois par mois. Cette commission est
composée d'un officier de pompiers, d'un architecte de la préfecture et du commissaire
de police du quartier.

Afin de bien assurer l'exécution de cette
mesure concernant l'ininflammabilité des décors, l'article 16 ajoute que ces essais seront
renouvelés tous les six mois au moins et
constatés chaque fois par l'apposition d'un
cachet sur différents points.

Aucun atelier ou magasin quelconque ne
peut être établi dans les parties des théâtres
constituant la salle, la scène ou leurs dépendances. Le magasin de décorations et accessoires doit être établi hors de l'enceinte du
théâtre. Il ne peut être conservé dans cette
enceinte que les décorations et les acccess-
soires indispensables au courant des représentations. Enfin aucun magasin d'artifices,
aucun dépôt de substances explosibles quel-

conques ne peut exister dans le théâtre.
(Art. 19, 20, 21).

C'est principalement sur ces points que
doit être fixée la responsabilité de M. Carvalho. Il tombe sous le droit commun sur ces
questions, et il ne peut se dérober en prétex-
tant qu'il n'a point été contrôlé.

Nul n'étant censé ignorer la loi, et M. Carvalho moins que tout autre en pareille matière, autant vaudrait prétendre que tout
citoyen a le droit de commettre des délits,
dès que la gendarmerie ne lui a pas mis la
main au collet.

RESPONSABILITÉS DU SERVICE D'ORDRE

L'enquête doit étudier également le rôle
de la préfecture de police et le rôle du corps
des pompiers.

Toute loi promulguée, tout décret, toute
ordonnance, dès le jour où ils sont en vi-

gueur, désignent nominativement le fonctionnaire qui doit veiller à leur exécution.

Toutes les obligations du service d'ordre
(dont le texte a été publié précédemment) devaient être remplies par l'administration du
théâtre ou par les agents de l'autorité, sous
un contrôle nettement spécifié.

Si l'autorité n'a pas exercé son contrôle,
elle a sa part de culpabilité.

LES BATIMENTS CIVILS

L'administration des bâtiments civils aura
la plus lourde part de responsabilité dans les
conséquences de cette épouvantable catastrophe.

Parfaitement renseignée depuis de longues années sur la situation de l'Opéra-Comique, cette administration a trouvé tout naturel que l'État subventionnât une rôtissoire.

Pas un ministre ne reculerait devant la nécessité de poser la question de confiance à la Chambre dans un intérêt politique.

Pas un ministre n'a songé à poser la question de confiance dans un intérêt social.

C'est donc à l'État que doit incomber la responsabilité la plus lourde.

Quand bien même M. Carvalho se serait mis en faute, quand même il serait prouvé que c'est sa négligence qui a provoqué l'incendie de l'Opéra-Comique, quand même il serait établi que le service d'ordre n'était point assuré, quand toutes les parts de responsabilité de la direction, de la préfecture, du corps des pompiers, auraient été nettement et catégoriquement définies, cette responsabilité de l'État demeure intacte.

Il n'entre point dans notre pensée d'innocenter M. Carvalho, dont la conduite prête à de très vives et de très légitimes critiques, mais, si gros qu'aient été ses torts, ils ne peu-

vent être comparés à ceux de l'administration des Beaux-Arts, des membres du gouvernement et de la représentation nationale.

Les députés, qui se seraient mis en quatre
pour obtenir un bureau de tabac en faveur
d'un électeur protégé par un gros bonnet de
leur circonscription, se seraient moqués pas
mal de laisser griller le même gros bonnet
dans la salle de l'Opéra-Comique.

L'amélioration d'une salle de spectacle ne
répondant en rien aux exigences du suffrage
universel, nos mandataires, qui trouvent
toujours de l'argent pour les plus vaines dépenses, ont laissé fonctionner le four crématoire de la rue Favart, prévoyant qu'il faudrait de longues années au conseil municipal
de Paris pour en installer de semblables dans
nos nécropoles. Il faut avouer que la Chambre aurait mieux fait de développer dans des
voies moins funestes son goût incontestable
pour le progrès. La Société de propagande

pour la crémation est beaucoup moins hardie que le Parlement dans l'expression de ses *desiderata*. Il est en effet de notoriété publique que cette Société ne veut brûler que des cadavres et n'a jamais affiché la prétention cruelle de travailler sur des gens bien portants auxquels on ne peut pas faire un crime capital d'avoir eu un culte trop fervent pour la musique de M. Ambroise Thomas.

Les bâtiments civils ont donc été coupables d'une incurie qui ne peut être égalée que par l'indifférence de la Chambre des députés.

Il est probable que personne n'osera soulever ce procès formidable contre l'administration et contre la représentation nationale.

Inviolable, le député est en même temps irresponsable. Quand M. Steenackers a dénoncé, en plein Parlement, les dangers de la salle Favart, l'*Officiel* a constaté « l'hilarité sur plusieurs bancs. » Je me demande, à cet aveu de l'*Officiel*, ce que le suffrage universel avait bien pu incruster sur ces bancs hilares...

Ces gens-là, cependant, dormiront tranquilles, et continueront à émarger paisiblement leurs appointements.

On n'osera point recourir contre eux, mais tout méfait entraîne son châtiment. L'incendie de l'Opéra-Comique aura mis à nu la plaie la plus dangereuse du parlementarisme. Il aura été prouvé que, croyant nous donner des mandataires, nous nous sommes donné des maîtres. Et quand nos maîtres font des sottises, il est trop juste que la nation doive les payer.

Nous avons supporté, comme contribuables, la subvention de l'Opéra-Comique, et les frais de pompiers et de police. Nous avons entretenu des fonctionnaires chargés de veiller à notre sécurité, des députés qui de-

vaient administrer utilement notre budget.
Et nous n'avons soldé cette lourde et doulou-
reuse addition, pendant de longues années,
que pour apprendre de M. Berthelot que l'O-
péra-Comique brûlerait un jour et, de nos
députés, qu'il n'y avait pas un sou à tirer du
trésor pour prévenir cette catastrophe.

— *Ossabundus, nequeis, nequer, potari-
num, quipsa milus*. Voilà justement pourquoi votre fille est muette...

Nous n'aurons couvert Sganarelle de nos
bons écus sonnants et trébuchants que pour
savoir que l'incendie dévorerait infaillible-
ment un soir l'Opéra-Comique.

Si le feu avait détruit l'immeuble de
M. Fernand Samuel, les victimes du directeur de la *Renaissance* auraient immédiatement exercé leurs droits contre lui et ses
commanditaires.

Il en est de même quand il arrive malheur
sur une voie ferrée à un wagon de pommes

de terre. Le propriétaire lésé s'en prend à la Compagnie responsable, et celle-ci s'empresse de payer intégralement le dégât.

Il n'y a que l'État, personnage fictif et vague, qui se dérobe à toute poursuite. Les responsabilités sont à tel point divisées que c'est à qui les passera à son voisin. A la fin, la tête la plus solide s'y perd, la bourse la mieux remplie s'y dessèche.

C'est l'État le grand coupable des conséquences atroces du sinistre de la salle Favart.

Autant vouloir atteindre une ombre que prétendre atteindre l'État !

Nous reproduisons ici un extrait d'un article de M. Albert Wolff qui a trait à la recherche des responsabilités.

Ce passage concerne tout spécialement la commission d'incendie.

« Il y a donc réellement une commission

des théâtres? Qui s'en fût douté? Dans tous
les cas, si elle n'est pas de création récente,
elle ne faisait pas beaucoup parler d'elle. Dou-
cement, elle sommeillait autour de la table
verte où elle se réunit pour délibérer, comme
toutes les autres commissions. Sans le sinistre de l'Opéra-Comique, elle ronflerait encore
à l'heure où nous mettons sous presse. L'incendie, le bruit des pompes, les cris des victimes ont troublé le calme admirable de
cette étonnante Commission, qui n'a pris aucune des mesures nécessaires pour notre sécurité ; elle a laissé subsister, sans une protestation, quelques scènes que je n'ai pas
besoin de nommer, car chacun les connaît.
Nous allions tous dans ces théâtres, et chacun
se faisait cet aveu que personne ne sortirait
vivant de la salle en cas de sinistre. Des couloirs ou deux personnes ne peuvent pas mar-
cher de front, encombrés de fonctionnaires
qui tiennent le vestiaire, ou de marchands de

lorgnettes, aboutissant à d'étroits escaliers,
nous donnaient la certitude qu'en cas de panique, sur cinquante spectateurs, pas un
n'atteindrait la porte de sortie sur la rue ;
des fauteuils à ce point serrés les uns contre
les autres qu'on ne peut gagner sa place
qu'en trébuchant sur des petits bancs, et
qu'il est impossible de s'y maintenir autrement qu'en serrant les coudes contre le corps
et de se tenir dans cette attitude gênante
comme une momie d'Égypte. Tel était dans
son ensemble l'idéal d'un ces théâtres parisiens qu'on n'aurait toléré dans aucune autre
capitale.

» Sur la scène, le spectacle était encore
autrement curieux ; des tuyaux conducteurs
en caoutchouc couraient partout, et il s'en dé-
gageait une telle odeur de gaz que les fuites
se trouvaient en permanence ; le danger partout, dans les frises comme sur le théâtre, et
pour le conjurer on n'avait rien imaginé de

mieux que d'enfermer le pompier dans une guérite close d'où il pouvait surveiller la scène sans espoir de faire son métier, car il se trouvait emprisonné dans son observatoire et exposé à griller avant les autres. Dans ces conditions, et la déposition du colonel n'en laisse pas de doute, le pompier pouvait être considéré comme un ornement, mais non comme une garantie. La fameuse Commission des théâtres, qui fait tant parler d'elle depuis une semaine, savait tout cela ; elle n'ignorait pas davantage que sous la scène du Châtelet se trouve une écurie et un magasin à fourrages ; elle était convaincue également que, faute de dégagements, les pauvres gens des galeries supérieures, déjà plus exposés que les autres à être asphyxiés par la fumée et rôtis par les flammes qui montent, se trouvaient voués à une mort certaine en cas d'incendie. La Commission savait tout cela et qu'a-t-elle fait ? Rien !

» La logique voudrait que le juge instruc-
teur entendît avant tout les membres de
cette Commission et qu'il leur demandât
compte de leur négligence, coupable au premier chef. Les noms des membres de cette
fameuse Commission me sont inconnus, et
j'en suis fort aise. De la sorte, je ne risque
pas d'abaisser une question d'ordre public
au niveau d'une querelle personnelle. Mais
il saute aux yeux qu'à l'exception du Préfet
de police, qui n'est pas encore en fonctions
depuis assez longtemps pour être responsable de ce qu'on n'a pas fait sous ses devanciers, toute la Commission des théâtres devrait
rendre un compte sévère de son incurie. Si
elle avait fait son plus stricte devoir, si elle
s'était occupée des questions sur lesquelles
elle avait à statuer, le sinistre de l'Opéra Comique n'aurait peut-être pas pris ces effroyables proportions ; dans tous les cas, il ne pouvait être ni plus douloureux ni plus complet.

» La première chose à faire après la catastrophe était le licenciement de cette Commission si peu à la hauteur de son mandat et d'une incapacité malheureusement notoire. D'un trait de plume, il fallait la dissoudre d'abord et la livrer au juge ensuite. Il est vraiment malheureux que dans tous les désastres publics les plus coupables demeurent les plus impunis. Vous verrez qu'on se rattrapera sur un malheureux machiniste ou sur un gazier, et la Commission des théâtres siégera, comme par le passé, dans toute la majesté de son insuffisance. Les mêmes hommes qui n'ont prescrit aucune des mesures nécessaires pour la sécurité du public prescrivent encore aujourd'hui les mesures à prendre dans l'avenir. Si, tout simplement, ils avaient rempli seulement leur devoir à moitié, les deuils seraient moins nombreux, et l'Opéra-Comique serait peut-être encore debout. Mais malgré les expériences lamen-

tables du King-Theater et des scènes de Nice
et de Rouen, la Commission a laissé aller les
choses au hasard de l'incendie. Quand elle
eut supprimé quelques strapontins et accro-
ché quelques quinquets à huile dans les
couloirs, elle se considéra comme étant par-
venue à son apothéose... »

LES VICTIMES

Il a été impossible d'établir le nombre exact
des victimes de la catastrophe de la salle
Favart. Les listes des morts et des disparus
n'ont jamais été complétées, mais il est
certain que les appréciations des journaux
sont demeurées au-dessous de la vérité.

Plusieurs personnes ont été blessées griè-
vement. Voici leurs noms :

Mme Melon, quarante-cinq ans environ, ouvreuse,
demeurant boulevard des Italiens, 27, transportée à
l'hôpital de la Charité, salle Sainte-Catherine, nº 27.

M. Jules Flouzère, âgé de vingt-deux ans, garçon de cuisine, demeurant rue Taitbout, 6, machiniste, a été blessé dans le dos.

M. Léon Viaret, âgé de vingt-deux ans, figurant, demeurant place de la Madeleine, a subi un commencement d'asphyxie.

Tous les deux ont été également transportés à l'hôpital de la Charité, où ils ont été admis salle Sainte-Vierge.

Les autres personnes dont voici les noms ont été reconduites à leur domicile après avoir reçu des soins dans la pharmacie Mialhe, rue Favart, 8.

M. André Goré, quarante-deux ans, costumier, demeurant rue de Cléry, 37.

M. Maurice Vanguelpen, trente ans, demeurant rue Montholon, 26.

Mme Musclin, trente-cinq ans, costumière, demeurant 12, rue Vincent.

M. Hubert Salzart, quarante-cinq ans, habilleur, demeurant 43, boulevard de Magenta.

Mme veuve Fanache, quarante ans, couturière, demeurant 39, boulevard Rochechouart.

M. Georges de Miré, capitaine au 7e dragons, à Lunéville, de passage à Paris, demeurant 20, rue Duphot.

M. Rodolphe Meyhoefer, trente-quatre ans, demeurant 33, rue Rochechouart, blessé en descendant une dame du troisième étage.

M. Alexandre Sarbourg, trente-sept ans, restaurateur, demeurant 2, rue Vivienne, blessé en sauvant trois dames.

Le gardien de la paix Fleutot, du 2ᵉ arrondissement, blessé à la main gauche par des éclats de verre en descendant du cinquième étage Mme veuve Fanache.

Le sous-brigadier Boutet, blessé à la tête.

Le 7 juin, d'après les rapports officiels, on comptait 76 cadavres, dont 58 reconnus.

En outre, les noms des personnes suivantes, signalées comme ayant disparu, avaient été signalés à la préfecture de police.

1º Mme Angély (Antoinette), 37 ans, rue Delambre, 1.

2º Mme veuve *Barbe*, ouvreuse, rue d'Orsel, 60.

3º M. Barré (Louis), 29 ans, rue du faubourg Montmartre, 44.

4º Mlle Béatrix (Marie), 25 ans, rue de la Sourdière, 1.

5º Mme *Bouyn*, rue d'Aboukir, 4.

6º Mlle *Bouyn*, rue d'Aboukir, 4.

7º M. Chevreau (Auguste), 60 ans.

8º Mme veuve Deslions, 66 ans, rue Victor Hugo, 108 (Levallois-Perret).

9º Mme *Dotesio*, boulevard des Capucines, 32.

10º M. Dupon (Louis), 27 ans, rue Breda, 29.

11º Mme Dupon, 29 ans,   id.

12º M. Donis (Jean), 58 ans, rue des Petits-Champs, 19.

13º M. *Endeline* (Louis), 46 ans, rue Rochechouart, 94.

14º M. Faillot, rue Rochechouart, 17.

15º M. Garnier (Georges), rue de la Sourdière, 1.

16º M. Germanicus (Henri), 30 ans, rue Bourti-bourg, 10.

17º Mlle Guillet (Augustine), 25 ans, domicile in-connu.

18º Mlle Maniquet (Amélie), 27 ans, rue Cherroy, 13.

19º M. Harel-Delanoé, de Marseille.

20º M. Lecat (Arthur-Louis), 42 ans, rue des Aman-diers.

21º Mme *Marchet* (Jeanne), 45 ans, rue Richelieu, 112.

22° Mlle Mossier (Marie), 18 ans.

23° M. Menoti (Victor), 27 ans, rue Blondel.

24° Mme *Endeline* (née Joispeaux), 38 ans.

25° M. de Morgues (Henri), rue de Châteaudun, 31.

26° Mme *Petit-Maître* (Elisa), 46 ans, (de Neufchâtel, Suisse).

27° M. *Rivière* (Antoine), 47 ans, rue Servan, 52.

28° M. Seriez (Ferdinand), 20 ans, rue de la Chapelle, 18.

29° M. Trichot (Charles), 19 ans, rue Brisemiche, 21.

30° M. Vignolles (Charles-Antoine), 21 ans, rue Saint-Martin, 4 ¹.

Nous devons ajouter que ces chiffres sont forcément inférieurs à la réalité, que le silence s'est fait sur les victimes disparues dans la fournaise et que des documents officiels résultant de l'enquête officielle pourraient seuls édifier la conscience publique sur ce point douloureux.

¹. Les noms imprimés en italiques sont ceux des cadavres qui ont été reconnus depuis.

LA RÉUNION DES ARTISTES DE L'OPÉRA COMIQUE.

A la suite de l'effroyable malheur qui venait de le frapper, M. Carvalho convoqua son personnel au théâtre des Variétés. Un appel général permit de relever immédiatement le nombre des morts et des blessés :

Dans l'appel du personnel des chœurs, on a constaté d'abord l'absence d'un des choristes, M. Auger, malade au lit. MM. Tierce et Charbonnet manquent aussi, mais tous deux sont morts.

Orchestre. — Tous les musiciens de l'orchestre sont présents. Ils ont pu, à la première alerte, sauter dans la salle et s'enfuir en même temps que les spectateurs des fauteuils.

Habilleuses et habilleurs. — Deux habilleuses manquent à l'appel : ce sont Mlles Joséphine et Jeanne; toutes deux sont mortes.

19.

MM. Paul Monin, Janin et Bertot ont également péri.

Vestiaire. — Aucune victime.

Machinistes. — Parmi les machinistes, le chef, M. Varnout, a été blessé.

Contrôle de la salle. — Un des contrôleurs de la salle, M. Bovenne, a été blessé à la tête en accomplissant des sauvetages.

Ouvreuses. — C'est parmi les ouvreuses que les victimes ont été le plus nombreuses : Mmes Baillet et Hubert ont été blessées au visage ; Mmes Vieillot, Barbe, Meulot, Couturier, Lestrade, Blondel sont mortes.

Danseuses. — Mmes Courtois, Ferri, Gillet, Varnout (femme du chef machiniste) ont trouvé la mort. On sait déjà que Mlle Assailly est gravement malade.

Au total : *dix-sept* morts.

Les journalistes qui ont assisté à cette poignante réunion ont été unanimes à constater que le cabotinage s'y donna un libre cours et à railler les poses trop théâtrales, les intonations trop émues des orateurs qui prirent la parole.

M. Alphonse Daudet, qui a fouillé, avec une raillerie féline et déchirante, le type du cabotin moderne, nous a montré son Delobelle toujours en scène, toujours « de trois quarts », même aux heures les plus poignantes de la vie.

Les malheureux pensionnaires de l'Opéra-Comique donnèrent raison dans cette réunion sinistre à l'auteur de Fromont jeune.

LE RIDICULE

Il ne faut point trop suivre les caprices d'une fantaisie brillante pour charger les malheureux qui jouèrent un rôle dans la lugubre nuit du 25 mai.

C'est ainsi que le sauvetage légendaire du

buste de Mme Carvalho a valu au directeur infortuné de l'Opéra-Comique une pluie de quolibets dénués de toute générosité et même de justice.

Des charges assez nombreuses pèsent sur M. Carvalho pour que l'on ne cherche point à lui en imposer d'autres qu'il n'a point assumées. On l'a représenté traversant les flammes, tenant le buste dans ses bras, comme Énée son père Anchise, et on lui a reproché d'avoir bravé la fournaise pour sauver le buste, au lieu de chercher à sauver quelques spectateurs affolés.

A la vérité, M. Carvalho n'a point traversé de flammes, mais un simple couloir. Il est probable que, dans cette circonstance, où il aurait fallu qu'il eût des forces surhumaines, le malheureux homme perdit la tête, ne sachant plus du tout de quel côté il devait courir pour aller au plus pressé.

Heureusement, le secrétaire de l'Opéra-

Comique, M. Noël, se hâtait de sauver la caisse, les pièces comptables, les livres, tandis que le chef d'orchestre Danbé procédait au sauvetage des partitions.

La partition orchestrée du *Roi malgré lui* de M. Chabrier, le répertoire courant ainsi que le répertoire orchestré des ouvrages nouveaux représentés depuis trois mois ont été préservés par les soins et le sang-froid de l'excellent et populaire chef d'orchestre.

C'est également ainsi que M. Danbé a su nous conserver l'*Épreuve villageoise* de Grétry avec l'orchestration d'Auber. Cette orchestration n'a jamais été gravée. On se contenta de faire une partie conductrice pour le chef d'orchestre. Si les parties d'orchestre avaient été perdues, il aurait donc été impossible de les reconstituer, car la bibliothèque du Conservatoire ne possède aucune copie et l'on n'a point trouvé chez Auber de trace de sa partition.

M. Carvalho était donc réduit à une impuissance absolue en présence de ce désastre et l'on ne pouvait exiger de lui, à son âge, dans l'état d'abattement où il se trouvait, qu'il jouât le rôle d'un simple pompier.

Mais il faut bien compter avec la raillerie des uns et la puérile vanité des autres. Après que tout le personnel du théâtre incendié eut fait son devoir, il y eut un besoin général de se draper dans sa douleur et de faire éclater son héroïsme. Il y eut des ovations bébêtes. Il y eut ensuite un déchaînement de réclames folles.

MM. Briet et Delcroix s'empressaient d'adresser aux journaux la lettre suivante :

« Nous vous serions très obligés de relater, ainsi qu'on vient de le faire pour l'Opéra, que le théâtre du Palais-Royal est, lui aussi, entièrement éclairé à la lumière électrique (avec le même système Edison), depuis le 1er septembre dernier.

» Il n'y a plus un seul bec de gaz dans la salle, sur la scène, dans les loges d'artistes et les dégagements ; enfin, dans tout l'immeuble [1].

» Agréez, etc.

» BRIET, DELCROIX. »

Les directeurs du Châtelet, ayant prétendu que la préfecture de police avait interdit dans leur théâtre l'usage de la lumière électrique, M. Gragnon était obligé de faire savoir que la préfecture de police avait simplement interdit l'éclairage électrique à feux nus, qui produit des étincelles enflammées, à cause des dangers d'incendie qu'il peut faire naître.

Partout, les directeurs de théâtres, alarmés par la frayeur indicible du public, s'em-

1. Au style employé dans leurs « communiqués par MM. Briet et Delcroix, on peut juger de leur compétence en littérature.

E. D.

pressaient de faire chanter dans des réclames
à triple détente les issues nombreuses de
leurs salles, les larges couloirs, les escaliers
de fer, et l'électricité.

Le public récalcitrant accueillait avec une
bien juste méfiance [1] ces promesses falla-

1. L'étonnant M. Brasseur se faisait décerner dans le
Figaro (6 juin) cette petite note élogieuse.

« Un bon point à M. Brasseur. Le sympathique (a qui ?)
directeur des Nouveautés n'a pas voulu attendre la visite
de la commission des théâtres pour assurer la sécurité du
pub.ic.

Il a déjà commencé à enduire ses décors du procédé
*Ignifuge (Pourquoi ce grand I. Le rédacteur de cette
note aurait-il pris « Ignifuge » pour un chimiste ?)* pour
les rendre absolument ininflammables et, sous peu de
jours, toute la scène sera à l'abri du feu. »

Ceci prouve que, sans la menace d'une inspection sérieuse,
bien que coupablement tardive, le sympathique M. Brasseur aurait continué à jouer dans son four crématoire les
fours de ses fournisseurs hab uels.

Partout, malgré les avertissements du passé, la commission d'incendie, au lieu de veiller, avait laissé condamner
les portes de sortie. entasser les spectateurs, et obstruer

cieuses et comprenait qu'après avoir été victime dans un théâtre subventionné de l'insouciance des députés et de la rapacité d'un peuple de fonctionnaires essentiellement budgétivores il serait fatalement la victime de l'incurie de l'administration, de la cupidité effroyable des exploiteurs de spectacles, dans presque tous les théâtres qui appartiennent à des particuliers ou à des sociétés privées.

N'oublions pas, pour mieux éclairer cette sombre situation, de rappeler ces détails typiques :

Quand l'incroyable M. Turquet menait sa fille à l'Opéra-Comique, il exigeait qu'elle fût *munie d'une corde à nœuds.*

Le colonel Couston a déclaré que jamais il n'a conduit sa famille au théâtre, estimant

les dégagements par une accumulation de strapontins ou de sièges volants.

qu'aucune salle de spectacle ne présentait de
garantie suffisante en cas d'incendie.

Voilà de quoi rendre rêveur.

LES SECOURS

Au lendemain même de la catastrophe, le
préfet de la Seine a donné des ordres pour
que des secours fûssent accordés d'urgence
— sur les indications des commissaires de
police — aux familles nécessiteuses des victimes de l'incendie.

Mme Furtado-Heine a envoyé 15,000 francs
à M. Poubelle pour être distribués immédiatement.

Les secours ont afflué de toutes parts...
Le comte de Paris, la famille de Rothschild,
les grands magasins de nouveautés, M. le
commandant Hériot et Mme Aristide Bouci-
cault en tête, tant d'autres que je ne puis
nommer ici se sont retrouvés sur les listes

de souscription, ainsi qu'on les retrouve toujours dès qu'il s'agit de venir en aide à misère publique ou de réparer les malheurs causés par une catastrophe imprévue.

Un comité a été formé sous le patronage de l'administration des beaux-arts, pour la répartition des secours aux victimes de l'incendie du théâtre de l'Opéra-Comique :

Voici la liste de ses membres :

MM. Berthelot, sénateur ;

Le général Coste, président du conseil d'administration du Cercle militaire ;

Le colonel Couston, commandant le régiment de sapeurs-pompiers de Paris ;

C. Doucet, président de la commission des auteurs et compositeurs dramatiques ;

Halanzier, président de l'Association des artistes musiciens ;

Le baron Alphonse de Rothschild ;

Le prince de Sagan ;

Hébrard, président du Syndicat de la presse parisienne ;

MM. Carvalho, directeur du théâtre national de l'O-
    péra-Comique ;

Kaempfen, directeur des beaux-arts ;

Des Chapelles, chef du bureau des théâtres ;

Régnier, sous-chef du bureau des théâtres ;

Gouzien, commissaire du gouvernement près
    les théâtres subventionnés.

LES COMPTES DE L'OPÉRA COMIQUE

Le maintien de M. Carvalho dans ses fonctions, les difficultés d'une situation mal éta-
blie, les retards apportés par l'incertitude et
l'hésitation du ministre des beaux-arts à la
réorganisation de l'Opéra-Comique, les plain-
tes du petit personnel, les réclamations de la
presse ont déterminé le comité de Répartition
des secours à donner d'une façon déguisée
des explications publiques de sa gestion.

Ces explications ont été publiées dans le
Figaro, le 3 octobre, sous la signature de
M. Chincholle. Nous les reproduisons ici

en les accompagnant de quelques commentaires nécessaires.

« Des comptes ! » Il devient à la mode de réclamer ceux de la souscription qui, après le désastre de l'Opéra-Comique. a été l'objet d'un si bel élan de charité unanime.

» Certes, il est toujours facile, en pareille circonstance, de se donner un brevet d'honnêteté en ayant l'air de suspecter celle des autres.

(M. Chincholle commet ici une lourde erreur. Pour ceux qui ont suivi la campagne, il est clair que les journalistes qui réclamaient des comptes, au nom de l'opinion, ne mettaient nullement en doute l'honnêteté des membres du Comité de répartition. Ils entendaient simplement savoir de quelle façon les répartitions étaient faites et pourquoi l'on avait à regretter certains retards dont ils avaient été saisis. Il y a une différence notable entre l'honnêteté d'une comité

et sa façon d'agir. L'allure hautaine de
M. Chincholle ne répond point aux questions
posés).

» Le *Figaro* qui, grâce à ses lecteurs, a pu
fournir à la souscription le principal élé-
ment de succès, s'est bien gardé de tomber
dans ce travers.

» Pas un instant, il ne lui est venu à l'idée
de s'inquiéter, bien qu'il y fût plus directement intéressé que d'autres, des faits et
gestes d'un comité, composé de MM. Spuller,
ministre de l'instruction publique et des
beaux-arts ; Berthelot, ancien ministre ;
Camille Doucet, Hébrard, Gal, Laurent,
Paul de Cassagnac, représentant la presse ;
Colmet d'Aage, le général Coste, le prince
de Sagan ; des Chapelles et Régnier, représentant la direction des beaux-arts ; Halanzier et Carvalho, ce dernier appelé à donner
des détails matériels sur les besoins de son
personnel.

» Nous savions avec quel dévouement M. des Chapelles, principalement chargé de recevoir les victimes ou leurs parents, s'occupait de la répartition des secours, enregistrait les demandes, dirigeait les enquêtes, assurait l'avenir des veuves et des enfants.

» Des comptes ! » Mais en voici.

» D'abord, dès le *lendemain* du sinistre, deux caisses étaient ouvertes, l'une à la Préfecture de la Seine, l'autre à la direction des Beaux-arts. En vérité, un tel empressement méritait bien de rassurer nos confrères.

» Ignorent-ils donc que la souscription n'a jamais été close? Et la preuve, c'est que, depuis le règlement du compte qui va suivre on a encore encaissé six mille et quelques francs qui, naturellement, ne figurent pas ci-dessous.

L'État a donné.........Fr. 200.000
Le public............... 575.054 95
Total au 31 août.......... 775.054 95

Dans ce total, dont les détails ont paru au
Journal Officiel, n'est point comprise la
recette de la magnifique représentation
donnée au Trocadéro par les artistes de
l'Opéra-Comique.

» Cette représentation, il faut bien le rappeler puisqu'on demande encore à quoi elle a
servi, avait pour but de venir en aide au
personnel du théâtre. Elle a produit un bénéfice net de 41,714 fr. 15.

» M. Carvalho n'avait pas à apporter cette
somme au comité. Il l'a gardée, comme
l'affiche elle-même lui en donnait le droit,
pour payer les traitements de juin, qui s'élevaient à 110,000 francs.

» Elle était donc insuffisante.

(Voici un point qui me semble un peu
vague, malgré l'assurance de M. Chincholle,
et il est fort probable que le public ne parta-
gera pas absolument les idées du rédacteur
du *Figaro.*

Le public, sauf les donateurs qui ont fait leurs réserves et spécifié leurs intentions, a voulu, en envoyant son argent, secourir les victimes de l'Opéra-Comique. En se rendant à la représentation donnée au profit du personnel, il croyait venir en aide au personnel. Il comprendra, en lisant M. Chincholle, qu'il n'est venu en aide qu'à la société en commandite dont M. Carvalho était le représentant.

La société d'exploitation, couverte par de fortes assurances, composée en grande partie de personnalités fort au-dessus du besoin, ayant passé par des années prospères, tout en profitant des subsides de l'État, avait-elle besoin de recourir à la charité publique? C'est là une question qu'il appartient à l'opinion publique seule de juger.

A ces questions, il serait bon d'en ajouter une autre. Puisque les artistes de l'Opéra-Comique ont chanté pour la société d'exploi-

20

tation, ont-ils touché des feux à cette matinée qui serait en effet extraordinaire, s'il en
avait été autrement ? *Les renseignements
qui m'ont été fournis me permettent d'af-
firmer le contraire.*

» Mais, d'autre part, continue l'impertur-
bable M. Chincholle, nos lecteurs doivent se
souvenir qu'au-dessous de notre souscription, nous mettions chaque jour sous cette
rubrique : *Sommes envoyées directement à
M. Carvalho.*

» Parmi les souscripteurs, quelques-uns
voulaient uniquement venir en aide aux victimes, d'autres spécifiaient qu'ils entendaient
sauvegarder l'avenir du théâtre, en aidant à
la conservation de son personnel.

(Tout cela est parfaitement juste).

» Après une longue délibération, il a été
convenu que M. Carvalho donnerait au
comité toutes les sommes reçues ou à recevoir par lui.

Moyennant quoi, le comité parferait la différence de ce qui manquerait à la caisse du
théâtre pour les traitements de juin. La
somme versée figurera sur le tableau ci-dessous.

(Ici nous nous retrouvons en présence de
la même erreur, et nous estimons qu'il n'y
avait point lieu d'entrer en pourparlers avec
M. Carvalho.

Le comité devait se borner à son œuvre de
répartition ; grouper toutes les sommes
versées sous condition pour les partager
entre les intéressés et réunir celles qui avaient
été déboursées sans spécification pour les
répartir entre toutes les victimes.

Quant à M. Carvalho, il devait utiliser sous
le contrôle de son comité d'administration
les fonds qui lui avaient été remis en se con-
formant scrupuleusement à l'esprit de ces
donations.

N'est-ce pas le droit du premier venu de

critiquer la répartition des fonds versés, tout
en rendant justice à la régularité des comptes ?).

» Une fois les premiers besoins des victimes satisfaits, le comité avait à s'acquitter de
la partie la plus délicate de sa tâche : Rétablir
équitablement les sommes mises à sa disposition.

» On ne pouvait donner la même somme à
une veuve sans enfants qu'à un grand-père in-
firme qui restait chargé de cinq petits-enfants.

» Il a donc fallu prendre une à une la situation de chaque famille.

» Ici, c'est à dessein que nous n'entrerons
pas dans les détails, qui n'ont pourtant rien
de mystérieux, mais, comme l'a si spirituellement démontré Lambert-Thiboust, l'homme
n'est point parfait. Certaines victimes doivent
naturellement trouver que d'autres ont été
favorisées. Il est inutile que nous enveni-
mions les jalousies.

Tableau général

Secours distribués, les premiers jours par le préfet de la Seine et par le Comité à 140 personnes ayant délivré reçu.................... 73.618 25

Donné à divers pour les obsèques. 7.937 65

Aux ouvreuses............. 4.700 »

Remboursement des objets perdus par le personnel.............. 26.020 80

Traitement de juin (solde)...... 70.175 85

DONNÉ AUX ENFANTS : 1° Rentes viagères incessibles et insaisissables payables par trimestre *à partir du* 1er *juillet* 1887 jusqu'à leur majorité ; 2° Placement d'un capital différé qui leur sera payé à leur majorité (34 titulaires, parmi lesquels les enfants Tierce et Cherroy)............ 190.730 40

DONNÉ AUX PARENTS : Rentes viagères incessibles et insaisissables payables par trimestre *à partir du* 1er *juillet* 1887 (37 titulaires) parmi lesquels MM. Aulicker, Langumier, Maquaire, Saint-Charles, Mme Tierce et Tourtois). 166.358 60

Total........ 539.541 55

20.

Report.	539,541, 55
Or, on a reçu, avons-nous dit.	775.541 95
On a dépensé.	539.541 55
Reste	235.513 4.

» Tout ce que peuvent se demander les gens trop pressés, par cela même peu prudents, c'est comment il se fait qu'on laisse dormir une somme relativement si considérable, à laquelle il convient même d'ajouter les souscriptions retardataires dont nous parlons plus haut.

» Eh bien, le comité, après discussion, a cru nécessaire de réserver cette somme : 1° pour certaines victimes dont l'état de santé n'est pas encore défini ; 2° pour donner satisfaction aux nouvelles demandes, d'ailleurs assez nombreuses ; 3° pour régler des différends encore pendants.

» Supposons, ce qui ne peut pas être, que s trois chapitres ne demandent point le

débours d'un seul franc. On en sera quitte
pour partager ce reliquat entre toutes les
victimes au prorata de ce qu'on a déjà cru
devoir leur allouer. Mais voilà l'espérance
qu'on ne voulait pas leur donner! Aussi eût-
on préféré attendre pour la publication des
comptes que tout eût été absolument terminé.

» La situation, par exemple, de la mère et
du fils de Mlle Ferri, la malheureuse danseuse morte dans les flammes, n'a été réglée
que ces jours-ci. Mlle Ferri, en effet, était
Italienne. Il a donc fallu recourir au consulat d'Italie. On n'a pu liquider que la semaine
dernière les pensions de la mère et du fils.
Total non mentionné plus haut : 41,587 fr.
65.

» D'autres motifs, non moins sérieux, ont
retardé jusqu'à ces derniers jours la pension
de Mme Duvaltier : 3,629 fr. 50.

» De nouvelles demandes sont à l'examen.

Ainsi, on a encore reçu, hier, celle d'un avocat italien qui, blessé à l'Opéra-Comique, réclame sa juste part.

» Enfin il est certaines victimes sur le sort
desquelles il est difficile de se prononcer définitivement. On nous cite le cas de Mlle Assailly, qui aura une rente plus ou moins
forte, selon qu'il lui sera interdit de se remettre au travail ou permis de prendre un
emploi.

» Ceux de mes confrères que les renseignements qui précèdent n'ont pas rassurés n'ont
plus qu'un peu de patience à avoir. On espère que tout sera terminé dans le courant
d'octobre [1].

Nos souscripteurs, toutefois, peuvent être
sûrs que, malgré les attaques, le comité ne
se hâtera point imprudemment. Il ne déclarera sa tâche terminée que quand toutes les

---

1. Nous touchons au mois de décembre sans être beaucoup plus avancés.   E. D.

enquêtes seront faites, les dernières sommes équitablement réparties. »

Les explications finales de C. Chincholle ne détruisent en rien nos critiques.

Nous reconnaissons parfaitement que l'argent versé par les souscripteurs qui ont spécifié « qu'ils entendaient sauvegarder l'avenir du théâtre, en aidant à la conservation de son personnel » appartenait absolument à la caisse de l'administration de l'Opéra Comique.

Nous pensons que la recette de la représentation du Trocadéro devait revenir directement au personnel, et que, pour qu'il en fût autrement, il aurait été nécessaire que l'affiche portât que cette matinée était donnée au bénéfice de l'administration du théâtre, afin de lui fournir une partie des fonds nécessaires au paiement de sa troupe pendant le mois de juin.

Nous ne comprenons point l'utilité de la

fusion des fonds versés entre les mains de
M. Carvalho avec ceux qui ont été déposés
dans la caisse du Comité de répartition et
nous ne nous expliquons pas davantage les
conditions sous lesquelles cette fusion a été
consentie.

En présence d'un cas de force majeure, la
Société de l'Opéra-Comique avait le droit de
renoncer à son exploitation, de renvoyer sa
troupe, et liquider ses comptes.

Si elle voulait poursuivre sa carrière, et
conserver son personnel, elle lui devait le
paiement régulier et normal de ses appointements, et cet argent ne devait point être
celui de la charité publique, mais celui de la-
dite Société.

La charité avait d'ailleurs bien facilité la
tâche de l'administration du malheureux
théâtre, et il est probable qu'en opérant avec
un esprit de justice et de régularité, on aurait obtenu du personnel largement secouru

et indemnisé par les souscriptions publiques des concessions qui n'auraient été que trop justes.

En admettant qu'il n'y ait pas eu de confusion dans l'esprit public sur la destination de la recette de la matinée du Trocadéro, en reconnaissant les dons particuliers versés à M. Carvalho pour le maintien de son personnel, il n'en est pas moins vrai que le Comité de répartition a versé 70.000 fr. pour le solde des traitements de juin.

Les explications de M. Chincholle sont absolument claires. Reste à savoir si les souscripteurs, qui avaient versé leur argent au profit des victimes, estimeront qu'ils ont été parfaitement compris.

LES PRÉCAUTIONS CONTRE L'INCENDIE

L'émotion a été si violente dans Paris, il s'y est mêlé tant d'indignation contre l'administration des bâtiments civils, la direction de l'Opéra-Comique, la commission chargée de veiller sur les théâtres, la police et le corps des pompiers lui-même (malgré l'immense popularité que sa bravoure lui mérita toujours), les cris de douleur des victimes ont tellement effaré la population parisienne qu'il y a eu partout de la fièvre et de l'affolement.

Pendant que le juge d'instruction conduisait lentement sa délicate enquête, la commission contre l'incendie visitait les théâtres et prescrivait les mesures qu'elle jugeait nécessaires.

On a critiqué sa hâte et ses exigences. On l'a accusée de travailler bien plus à rendre aux spectateurs la sécurité morale que la sécurité réelle. Nous croyons que cette commission a pris en effet quelques mesures de luxe, mais nous ne saurions critiquer sa rigueur, même si elle a été excessive.

Dans certains théâtres, elle a réclamé l'impossible, et on est arrivé à faire l'impossible, sans qu'il soit démontré que ces gros efforts soient bien efficaces. Nous savons tous, tant que nous sommes, et sans être clercs en la matière, que la plupart de ces théâtres devraient être désaffectés. Ils étaient, avant les travaux, à l'état de fours crématoires. Ils sont avec leurs escaliers et leurs balcons de fer convertis en véritables grils.

Les frais écrasants qui ont été supportés prouvent ce qu'on peut tirer de l'exploitation d'un théâtre, puisqu'il ne s'est point trouvé de directeur pour renoncer à son commerce et de propriétaire pour transformer sa salle en vulgaire maison de rapport.

Il est certain que les énormes travaux qui ont été exécutés ont légèrement amélioré ces salles. Je ne souhaiterais néanmoins à personne de s'y trouver un soir où les flammes jailliraient soudainement.

La commission d'incendie a fort bien fait en imposant partout le rideau de fer plein. L'établissement de l'électricité s'impose également, et les décors doivent être absolument ininflammables.

Alors que les grosses réparations auront été effectuées dans tous nos théâtres, il restera au spectateur un devoir : celui de veiller à ce que les prescriptions courantes de sûreté ne soient jamais négligées. Mon distingué confrère Henry Bauër a rédigé dans une de ses vigoureuses chroniques un *Manuel du parfait spectateur* que les amateurs de théâtre auraient le plus grand tort de ne point piocher sérieusement.

Il faut qu'il y ait une ligue générale contre les strapontins rétablis sournoisement dans les passages, les portes demeurées closes en dépit des règlements de police, les places trop rapprochées entre lesquelles on n'a point laissé régner l'espace réglementaire.

Il n'est pas un Parisien qui ne sache que, dans quelques théâtres, tels que le Palais-Royal et les Variétés, par exemple, les spectateurs des loges et des baignoires (dont les prix sont pourtant ridiculement élevés) sont empilés d'une façon aussi barbare que des nègres à fond de cale. Il n'entrerait que le tiers d'un gros homme dans un fauteuil d'orchestre de ces théâtres très parisiens, et il serait nécessaire que l'ouvreuse le tassât légèrement avant de fermer complètement la porte de la baignoire dans laquelle il n'aurait pu que très péniblement s'introduire.

Voulant montrer une fois de plus que je n'ai aucun parti-pris dans toute cette affaire et que je ne recherche que l'intérêt général, je me trouve heureux de me retrouver encore une fois d'accord avec l'un de nos maîtres de la chronique, M. Wolff. Le *Figaro* qui est suspect d'une tendresse légitime pour les théâtres à sa quatrième page s'est montré, à la première, très impartial et très sage sous la plume de son *leader*. Laissons donc la parole à notre brillant confrère :

« Mais, comme par le passé, sept gazomètres restaient accumulés sous le vestibule de la Gaîté et pouvaient faire explosion les uns après les autres au milieu d'une foule en panique se précipitant par ce vestibule dans la rue. Sous la salle du Châtelet, un magasin de fourrages n'attendait qu'une étincelle pour prendre feu ; on continuait de louer à des cafetiers des boutiques qui obstruaient la sortie en cas de sinistre. On maintenait cet épouvantable contrôle qu'on ne voit qu'à Paris, ce contrôle imbécile qui, au lieu de se ranger sur le côté, pour prendre le moins de place possible, ne semble être là que pour boucher le vestibule. On ne s'inquiétait pas des rideaux à mailles qui n'empêchent ni la fumée ni les flammes de se répandre dans la salle et dont la seule utilité était d'établir

deux rôtissoires distinctes, l'une sur la scène,
l'autre dans la salle.

» La Commission ne s'est préoccupée d'aucun de ces dangers : elle a manqué à tous
ses devoirs, et elle le sent si bien qu'elle devient féroce pour se faire pardonner son incurie : après s'être contentée de quelques
lampes à huile, la voici maintenant qui bou-
leverse les théâtres de haut en bas, avec un
affolement d'autant plus grand qu'elle craint
l'explosion de l'opinion publique lui demandant compte de sa longue et coupable inertie.
Parmi ces mesures, il y en a d'excellentes à
côté de quelques-unes qu'il faut mettre sur le
compte de la précipitation avec laquelle on
confectionne les édits contre les scènes parisiennes. Toutes ces améliorations s'impo-
saient depuis des années; elles ont été mises
en œuvre après l'incendie du Ring-Theater,

non seulement à Vienne, mais dans toutes les grandes capitales.

Le couloir au milieu de l'orchestre, les portes ouvrant en dedans, le rideau en fer plein, les galeries circulaires à l'extérieur communiquant par des échelles en fer avec les étages inférieurs, tout cela existe depuis des années ailleurs; la Commission des théâtres n'avait qu'à imiter la sage prévoyance des commissions analogues à l'étranger qui, contrairement à la nôtre, font plus de besogne que de bruit. Mais nous sommes à ce point vaniteux que nous ne voulons avouer notre infériorité sur aucun point. Il a fallu que deux cents personnes succombassent à l'Opéra-Comique pour nous convaincre que notre Commission des théâtres n'est pas une de ces institutions que l'Europe nous envie. Le petit théâtre du Parc, à Bruxelles, possède depuis des années les balcons et les escaliers extérieurs ; le rideau en fer plein est

adopté depuis longtemps dans les théâtres de
Vienne. Après l'incendie du Ring-Theater,
la terreur du public était telle qu'on ne levait
ce rideau qu'au moment où la pièce allait
commencer ; on le baissait même dans les
entr'actes, ce qui était d'une impression parfaitement désagréable : cet incessant souvenir de la catastrophe obsédait les esprits et
troublait le plaisir. Mais enfin, mieux vaut
encore prendre trop de précautions que de
n'en prendre aucune, comme notre char-
mante Commission des théâtres a fait jusqu'au moment où les deux cents victimes
de l'Opéra-Comique l'on fait revenir de
l'état cataleptique dans lequel elle était plon-
gée.

» Si maintenant les réformes, excessives
sur quelques points, doivent faire sombrer
quelque direction incapable de supporter
tant de frais, on peut s'en consoler. »

Une presse nombreuse et vigoureuse a tenu le même langage que M. Wolff. Il ne s'est rencontré pour regretter ces dépenses nécessaires que des critiques circonvenus par des amitiés qui les aveuglent, ou que des auteurs dramatiques, placés entre leur devoir professionnel de journaliste et leurs calculs personnels, gens à la vue peu nette, à l'étroite cervelle, qui n'ont qu'un sentiment réel, celui de leur nullité désolante, et qui ont compris que le jour où ils ne seraient plus embusqués au coin d'un journal, les portes des théâtres retomberaient lourdement sur le nez de leurs ours mal léchés !

LE PRIX DES PLACES ET LE DROIT DES PAUVRES

Atteints en pleine chair par la Commission d'incendie, les directeurs de théâtre ont cherché à se venger sur un autre terrain.

Ils ont essayé tout d'abord de nous laisser prévoir qu'ils se trouveraient dans la nécessité de hausser le prix des places. M. Gaston Jollivet, dans le *Figaro*, leur a répondu avec beaucoup de sens pratique, qu'ils ne commettraient qu'une énorme bourde.

Le public vraiment parisien (et j'appelle ainsi celui qui est formé par la classe parisienne aisée, généralement lettrée, ou curieuse en tout cas des œuvres dramatiques) est devenu horriblement méfiant. Avant de prendre un plaisir coûteux, il tient à savoir si ce plaisir sera réel. S'il consent à payer sa place, c'est que, n'ayant pu obtenir un de ces billets de faveur si ridiculement distribués, il est sûr de passer une bonne soirée. Autrement, un ménage parisien se déplace avec bien de la peine pour entendre à gros frais une pièce médiocre. Même pour un four reconnu publiquement, ce ménage refusera des billets de faveur et croira que l'on a voulu se moquer de lui en essayant de les lui écouler. Les directeurs n'auraient qu'à perdre s'ils s'en tenaient pas aux prudents avertissements de M. Gaston Jollivet.

Ils seraient également sages en tirant profit des conseils que leur a suggérés vainement la vieille expérience de Sarcey.

Le critique du *Temps* leur prêchait l'économie : moins de luxe dans le décor, la mise en scène, le costume et le complet renoncement aux étoiles. Il les engageait à ne point

tout sacrifier au plaisir des yeux, à rester
dans des limites convenables, à se contenter
d'avoir du goût, et surtout à former des troupes et un répertoire, à toujours être prêts à
renouveler leur affiche avec un spectacle frais
et préparé.

Il les poussait à combiner leurs frais, de
façon à pouvoir mettre leurs places à un prix
raisonnable, pour attirer le gros public et le
renouveler sans cesse.

Je n'ai guère rencontré que M. Pierre Gif-
fard (qui écrivait dans le *Figaro* d'ailleurs,
tout comme M. Jollivet) pour partager les
idées rapaces et funestes des directeurs, qui,
devant l'attitude générale, ont eu le bon sens
de comprendre que l'unique voix de M. Gif-
fard ne suffirait pas à convaincre les spectateurs de l'obligation de payer l'addition suivante à la porte des théâtres ;

Un fauteuil d'orchestre , . . 9 fr.

Pour ne pas être brûlé . . . 1 fr.

Comme il était dur d'être battu sur ce terrain, on a cherché un autre moyen de payer les maçons et les serruriers de la Commission d'incendie. On s'est cramponné au droit des pauvres : droit honteux, féodal, inique, léonin, qui ruine les misérables directeurs, écrasés de frais de tout ordre. Plusieurs bons esprits ont pris parti pour les directeurs.

Malgré l'opinion contraire d'hommes que j'aime et j'estime, je tiens cette proposition pour également mauvaise et injuste.

L'impôt prélevé sur un plaisir en faveur des malheureux semble tout d'abord d'une justice absolue et d'une incontestable moralité.

Sans fouiller Larousse, qui me permettrait d'étaler ici des documents à la portée de tous, je rappellerai que le Droit des pauvres s'exerça tout d'abord très distinctement à la porte des théâtres. On payait sa place à la buraliste du théâtre et le droit des pau-

vres au collecteur de l'administration. Ce
sont les directeurs qui proposèrent à l'administration de percevoir ces droits eux-mêmes,
afin de faciliter l'accès du théâtre à leur clientèle et de la dispenser de verser elle-même
un impôt que cette formalité rendait plus
désagréable encore.

Le prix des places fut augmenté en conséquence. Il est probable que les directeurs
ne perdirent rien à cet arrangement. C'est
donc toujours le public qui paie le droit des
pauvres que les directeurs sont simplement
chargés de percevoir, tandis que l'assistance
publique touche ses droits en bloc sur la recette, au lieu de frapper chaque spectacle
d'un impôt individuel.

Il deviendrait alors de toute justice, si l'on
supprimait la taxe des pauvres, d'en défal-
quer le montant du tarif actuel, car si l'on
considère le droit des pauvres comme un
abus, c'est pour le supprimer et non pour le

retirer à l'assistance publique au profit des recteure de théâtre.

A ce propos, mon ami M. Edmond Lepelletier s'étonnait dans l'*Écho de Paris*, qu'un directeur comme M. Duquesnel pût se plaindre d'être écrasé par le droit des pauvres [1], alors

---

1. M. Maxime Du Camp fait remonter le droit des pauvres à l'ordonnance royale du 25 janvier 1699 par laquelle Louis XIV déclare qu'un sixième perçu « en sus des sommes qu'on perçoit et qu'on percevra à l'avenir », sera attribué à l'hôpital général. (C'est-à-dire à la Pitié, Bicêtre, la Salpêtrière, les Enfants trouvés et la maison Scipion.)

« Autrefois, dit le même auteur, dans le vestibule des théâtres, il y avait deux bureaux de perception, deux Guichets : l'un où l'on acquittait le prix de sa place, l'autre où l'on versait la taxe des pauvres. Des vieillards ont vu encore des tarifs ainsi conçus, affichés à la porte de la Comédie française : Premières loges 6. fr : 60 : 6 fr. pour le théâtre, 60 centimes pour les pauvres ».

M. V. Fournel, qui est autrement érudit que M. Maxime Du Camp, donne au droit des pauvres une origine plus ancienne et plus noble.

« La taxe mise sur les spectacles en faveur des hôpitaux, nous apprend le savant écrivain, a pour origine une imposition de 800 livres parisis que les acteurs de la Passion furent obligés de payer par arrêt du Parlement de 1541, *pour indemniser les pauvres* de la grande diminution qu'aqu'il vient d'engager Mme Sarah Bernhardt, à raison de cinquante mille francs par mois — somme qui, au dire des badauds, ne se trouve point souvent sous le pas d'une mule.

Cette observation, qui ne nous surprend point sous la plume d'un homme aussi judicieux que M. Edmond Lepelletier, nous semble absolument digne d'être relatée.

Notre excellent confrère nous permettra de lui faire remarquer que cette anomalie est fréquente. On rencontre nombre de millionnaires qui se font tirer l'oreille pour payer les gages de leur valet de chambre, et qui attendent l'arrivée du diligent porteur de contraintes, pour payer leurs contributions.

vaient souffert les aumônes depuis l'établissement des théâtres. »

On voit donc bien clairement par tout cela que le droit des pauvre ne coûte pas un sou à MM. les directeurs.

E. D.

C'est nous qui supportons le droit des pauvres. Il n'en est pas de plus juste, de plus honnête, car il n'atteint que le capital, dans ses joies, au bénéfice de la souffrance, de la vieillesse et de la misère. Cet impôt sur le plaisir, c'est un commencement d'application de l'impôt sur le revenu.

L'ENQUÊTE SUR LES CAUSES DE L'IN-CENDIE DE L'OPÉRA-COMIQUE.

Au moment ou nous mettions la dernière main à ce travail, le journal le *XIXe Siècle* a trouvé moyen de se procurer et de publier les extraits les plus concluants du réquisitoire définitif dressé par M. Bernard, procureur de la République, à la suite de l'enquête opérée par M. Guillot, juge d'instruction.

Après avoir résumé les différentes causes qui ont ralenti la fuite du public et permis au fléau de faire de nombreuses victimes, le réquisitoire donne les chefs de prévention :

« Arthur-Léon Carvalho, Auguste-Ernest-Émile Lecointe, Cyrille André, Eugène Varnout, Antoine Ballaud, Maurice Cumine, Lucien Archambault, sont, en conséquence, prévenus d'avoir, à Paris, le 25 mai 1887, par maladresse, imprudence, inattention, négligence ou inobservation des règlements, involontairement causé la mort des sieurs, etc..., etc .., etc., et involontairement occasionné des blessures à..., etc... etc...

» Arthur-Léon Carvalho et Eugène Varnout sont en outre prévenus d'avoir, à Paris, le 27 mai 1887, par vétusté ou défaut de réparations ou par des feux ou lumières laissés sans précautions suffisantes, causé l'incendie des propriétés mobilières ou immobilières d'autrui.

» Faits constituant les délits prévus et réprimés par les articles 319, 320 et 452 du Code pénal. »

Les avocats qui occuperont dans l'affaire

sont, jusqu'ici, M⁰ Martini, pour M. Car-
valho, M⁰ Félix Decori, pour M. André ;
M⁰ Signorino, pour M. Varnout et M⁰ Albert
Danet, pour M. Cumine.

M⁰ Lagasse se présentera au nom de quelques parties. civiles.

C'est M. le substitut Sauvageot qui sou-
tiendra la prévention.

C'est le **16** novembre que commenceront
les débats.

Nous nous bornons ici à donner cette conclusion sommaire du réquisitoire, en nous
contentant de constater que ce dénouement
frappe avec le plus de rigueur le petit personnel de l'Opéra-Comique, qu'il établit très
nettement la culpabilité de M. Carvalho, en
l'exagérant sur plus d'un point, et qu'il met
hors de cause les hautes personnalités sur
lesquelles la logique et l'opinion accumulent
les plus lourdes responsabilités.

M. Carvalho savait que la salle Favart pré-

sentait de nombreux vices de construction.
Il ne semble pas s'en être préoccupé d'une
façon fort sérieuse, mais il n'avait qu'à prendre des précautions accessoires, tandis que les
précautions radicales devaient être prises par
l'administration des Beaux-Arts.

Si M. Carvalho n'avait point dirigé un
théâtre subventionné, il serait chargé de
responsabilités autrement lourdes, car il
pourrait seul être mis en cause.

Un théâtre étant un établissement public
doit offrir au spectateur toutes les garanties.

Son administration est aussi responsable
de l'existence des gens qu'elle laisserait brûler par imprudence ou par incurie qu'elle est
responsable d'un paletot égaré par l'ouvreuse
préposée au vestiaire.

Il faut proclamer cette vérité pour que les
directeurs de théâtres s'en pénètrent et trouvent moins d'amertume dans l'accomplisse-
ment de leur devoir.

LE DROIT DU PUBLIC.

———

Ce public auquel on fait payer si cher le droit de bâiller à l'audition des pauvretés révoltantes qui encombrent la scène depuis plus de dix ans a laissé tous ses droits tomber en désuétude.

Il a le droit tout d'abord d'occuper un siège suffisant pour s'y asseoir et placé dans un espace assez large pour qu'il puisse abandonner librement, aisément, la place qu'il occupe.

Il paie ce droit selon un tarif exagéré. C'est une raison majeure pour qu'il n'en soit point dessaisi.

Il a le droit d'applaudir ou de siffler, à la chûte du rideau, (droit maintenu dans toutes les villes de province). De la sorte, sans troubler l'ordre de la représentation, il exprime librement sa satisfaction ou son mécontentement.

Si le sifflet était interdit, il faudrait à plus forte raison supprimer la claque.

L'incendie de l'Opéra-Comique a fait tant de victimes que toute la France a protesté contre une catastrophe qui touche au scandale et qui a prouvé à quelles négligences coupables était exposée la sécurité des spectateurs.

La presse et le public ont un commun devoir : C'est de dresser une enquête toujours ouverte sur la police des théâtres, de façon qu'il soit interdit aux entrepreneurs de spéctacle qui essaient d'assassiner le bon goût, la raison et l'esprit, de se livrer à la même tentative sur l'existence de ceux qui leur apportent bénévolement la fortune et le succès.

FIN

TABLE DES MATIÈRES

FIN DE LA TABLE DES MATIÈRES.

CHATEAUROUX. — TYP. ET STÉRÉTOYP. A. MAJESTÉ.

APPENDICE

LE PROCÈS DE L'OPÉRA-COMIQUE

CONCLUSION

Des causes indépendantes de la volonté de l'auteur ont retardé la publication de ce volume.

Après avoir étudié les conséquences de la catastrophe de l'Opéra-Comique, impartialement, sans connaître encore les décisions des juges, il lui reste à rappeler les faits principaux du procès, à consigner la sentence du tribunal, à rechercher si le public a trouvé, à la suite de ces faits douloureux, des garanties nouvelles pour sa sécurité.

Très lentement instruite, l'affaire de l'Opéra-

Comique a été noyée dans les événements politiques qui ne passionnèrent que trop légitimement l'opinion. Il semblait que, déjà, l'on eût oublié les nombreuses victimes de l'administration des beaux-arts et de l'administration du théâtre. Les débats se sont déroulés à l'aventure, sans rien de précis, au milieu d'une cohue de témoins se démentant les uns les autres, tandis que les avocats bataillaient pour décharger leurs clients sur ceux de leurs adversaires.

Si l'enquête avait pu projeter quelque clarté, les débats épaississaient les ténèbres. Des témoignages produits, il résultait que personne n'avait la responsabilité en cas de danger et que tout le monde avait fait son devoir. Il n'y aurait eu définitivement qu'un coupable : le commissaire de police. Encore, a-t-il été démontré que ce magistrat avait à la fois le service de deux théâtres et qu'il n'était, le soir de l'incendie, ni dans l'un ni dans l'autre de ces théâtres, ayant reçu l'ordre d'opérer une perquisition je ne sais où.

L'attitude des pompiers était également surprenante. Les sapeurs et le sergent de service, entêtés dans le texte de leur consigne, effarés de se trouver devant des juges, se défendaient avec la plus insigne maladresse. L'un d'eux, hypnotisé par le président, lui répondait :

— *Oui, mon commandant !*

Mais tout le monde sentait que les vrais coupables n'étaient point atteints et la presse a vu avec indignation défiler comme témoins, alors qu'ils étaient les véritables coupables, ces fonctionnaires qui, connaissant le danger, n'avaient rien fait pour le conjurer et s'étaient béatement endormis dans la sécurité de leur routine paperassière.

M. Carvalho et le sapeur André ont payé pour les autres, alors que le directeur de l'Opéra-Comique n'était coupable que de né-

gligences de détail et que le malheureux soldat n'était **guère** coupable que de bêtise.

Le ministre des Beaux-Arts, poursuivi
comme civilement responsable, a été mis
hors de cause, ce qui prouve une fois de plus
que l'administration a toujours raison contre
les particuliers et que les juges peuvent librement se prononcer contre toute équité.

André a été condamné à un mois de prison. M. Carvalho a trois mois de la même
peine et à deux cents francs d'amende. C'est
toute la satisfaction qui a été donnée au public. L'administration, couverte par la magis-
trature, peut donc continuer en toute sécurité son œuvre d'insouciance et d'incurie. La
rond-de-cuirerie française a trouvé dans ce
jugement un précédent qui lui permettra de
braver les orages futurs.

Tout est encore à redouter, surtout dans
les théâtres subventionnés, où l'administration ne veut point faire davantage que par le

passé et se garde mieux que du feu d'inquiéter les directeurs qui dépendent d'elle. C'est
ainsi qu'un jeune avocat des plus distingués,
M. Décori, a pu prononcer à l'audience, s'ap-
puyant sur les témoignages du colonel Couston, ces paroles qu'il faut retenir car elles
sont grosses d'enseignement :

La situation est restée la même qu'avant la catas
trophe du 25 mai. Alors que les théâtres libres dépensent cent ou cent cinquante mille francs par an,
— j'en sais qui en ont dépensé trois cent mille, — les
théâtres de l'État seuls n'ont absolument rien fait.
La sanglante leçon du 25 mai leur a été inutile. En
voulez-vous des preuves ?

Au Conservatoire, si fréquenté par les familles aux
jours d'examen, et par les amateurs de bonne musique aux jours de concert de la Société, la salle est
vermoulue, sans issues, éclairage de secours illu-
soire, les robinets insuffisants. Pas de rideau de fer,
pas de grand secours, pas de décors ininflammabi-
lisés ! Rien ! rien qu'une menace d'incendie et de
ruine !

A l'Opéra, si fréquenté par les Parisiens et les
trangers, qu'on croit si bien aménagé et si sûr, la

situation, — je l'ai vérifiée de mes yeux, — est ter-
rifiante.

Je ne parle pas de la salle. Sans doute, aux fauteuils d'amphithéâtre et au parterre, où les sorties,
livrant passage à une personne à peine, aboutissent
à des escaliers et sont de véritables souricières, la
foule ferait tampon à l'escalier et personne ne sortirait vivant. Mais ce n'est rien. Passons sur la scène.
Là, des décors immenses, des châssis de 18 à 20
mètres de haut peut-être, en bois blanc, encadrant
des toiles peintes, non ininflammabilisées, entassées
sur quatre rangs, espacées non par des cloisons en
plâtre, mais par des poteaux en bois et montant de
la scène aux cintres.

Le bûcher est préparé. On a eu soin d'y mettre
l'allumette.

Sous la scène, dans les dessous sont entassés les
bois du plancher des bals. Que le feu éclate, il y a
de l'air pour l'activer. Les portes de fer non bat-
tantes, retenues peut-être par des crochets, comme
celles de l'Opéra-Comique, laissent passage aux
courants d'air terribles, en même temps qu'une
issue à la fumée, à la chaleur et aux gaz toxiques.

Tel est le danger. Qu'aura-t-on pour combattre le feu ? demande Mᵉ Decori.

Sur 199 tuyaux — jugés indispensables — il en

manque 112. Sur les 87 restants, 67 gercés, crevés, éventrés, sont inutiles. Donc, dans cet immense édifice, comprenant la salle, la scène, les dépendances, vaste comme un quartier, 20 tuyaux seulement aux lances desquels l'eau arriverait... si elle arrivait !

Mais, rassurez-vous, messieurs, elle n'arrivera pas, ajoute M° Decori :

Le monument a soixante mètres de haut : à partir du trentième mètre — c'est-à-dire du premier cintre — plus une goutte d'eau ! L'eau de la Ville n'a pas de pression : elle ne monte pas ! Il y a bien dans les cintres un réservoir alimentant des pompes de secours — il faut vingt-quatre hommes pour les manœuvrer — mais il durerait sept à huit minutes. Si donc en sept à huit minutes l'incendie n'est pas éteint, que feront les pompiers ? Ils attendront inertes, les bras croisés, l'arrivée des pompes à vapeur.

L'Opéra a coûté 50 millions ; sa subvention annuelle est de huit cent mille francs. Pour le défendre contre le feu, il faudrait cent cinquante mille francs. Cette somme suffirait pour amener de la Villette les eaux qui auraient une pression suffisante et monteraient jusqu'au haut de la coupole. On ne fait rien.

Les pouvoirs publics connaissent-ils cette situation ? On la leur signale depuis quinze ans, c'est-à-

dire depuis la construction de l'édifice, et la première
ettre que j'ai relevée à ce sujet, est du 12 décembre 1872, signée du colonel Saint-Martin.

Si je relève ce point, ce n'est pas pour le stérile
plaisir de prouver une fois de plus que les pouvoirs
publics ont manqué à leur devoir — ce n'a même pas
l'attrait de la nouveauté — c'est parce que si le feu
éclate ce soir à l'Opéra, demain, le ministère public
aménera un pompier sur les bancs de la police cor-
rectionnelle.

Vous voyez donc bien que leur colonel a raison :
les pompiers sont des soldats sans armes envoyés à
l'ennemi.

Nous n'avons pas hésité à donner tout au
long cette partie de la plaidoirie de M⁰ Decori,
car elle démontre qu'il faut absolument que
cette question de la sécurité du public dans
les salles subventionnées, ou appartenant à
l'Etat, soit vidée. Nous croyons que, nos
confrères nous imitant, Paris saura qu'il vit
dans une illusion trompeuse. S'il y a exagé-
ration, on le dira. Dans le cas contraire, l'ef-
froi ressenti sera peut-être salutaire, en ce

sens qu'il réveillera de leur torpeur ceux dont une nouvelle catastrophe engagerait cette fois la responsabilité.

Le défenseur d'André a terminé son plaidoyer par un éloge éloquent du corps des sapeurs-pompiers, « modestes héros de vingt-trois ans, à qui on demande de l'adresse, de l'agilité, de la force, du sang-froid, du courage... et même de l'héroïsme, et qui en donnent... à raison de vingt-neuf sous par jour » !

« Si le tribunal condamnait le sapeur André, le public se dirait que lorsque éclate un cataclysme fatal, un de ces incendies terribles qui dépassent les forces et les prévisions humaines, on en demande raison, non à ceux qui l'ont préparé, facilité, par leur incapacité ou leur incurie criminelle, mais à l'humble, au vulgaire pompier, cette dupe héroïque ! »

La « dupe héroïque » a été bel et bien condamnée malgré la chaleureuse éloquence de son défenseur.

M. Carvalho a essayé vainement de repousser les responsabilités civiles qui retom-
baient sur lui seul alors qu'elles auraient dû
retomber principalement sur l'administration des Beaux-Arts. Les conclusions qu'il a
déposées pour repousser les prétentions des
enfants Charroy méritent même d'être repro-
duites. Elles donnent une idée précise de ce
que devient le respect de l'existence humaine
dans de vulgaires questions d'argent.

Attendu que les époux Charroy ont été asphyxiés
dans la buvette des deuxièmes loges ; qu'il résulte
des dépositions entendues que le garde républicain X... a voulu faire sortir de cette buvette les
personnes qui y étaient entassées ; qu'elles sont
restées sourdes à son appel, et qu'il est descendu
alors avec la foule de ceux qui ont échappé à l'incendie ;

Qu'ainsi les époux Charroy auraient pu s'échapper
avec lui sans la déplorable inspiration qui les a con-
duits à repousser ses services ;

Que, de plus, chacun des enfants a reçu 300 francs
de rente jusqu'à sa majorité, et promesse de 3,000 fr.
de capital à sa majorité ;

Qu'ainsi Carvalho ne s'est rendu coupable d'aucun délit : par ces motifs, etc.

Jamais la fausseté du proverbe « à quelque chose malheur est bon » n'a mieux été démontrée que par le dénouement de ce procès.

On ne peut en tirer que certains enseignements que le public doit retenir :

1° L'Opéra est menacé de flamber comme une bicoque parce que le service des eaux n'y est pas organisé ;

2° Quand on a été grillé vif dans un théâtre de l'État, l'administration est irresponsable ;

3° Cette administration se soucie comme d'une guigne des avertissements qui lui sont donnés, de sorte que les magasins de décors de la place Louvois, situés à deux pas des trésors de la Bibliothèque nationale, peuvent flamber du jour au lendemain et communiquer le feu à tout un quartier couvert de vieilles maisons entassées dans un dédale de rues, étroites, sans que personne ait pris le moindre souci du rapport du colonel Pâris ;

4° Le corps des pompiers, ayant été reconnu absolument incapable de prendre des mesures efficaces contre le feu à l'intérieur des théâtres, continuera comme par le passé à être chargé d'un service qui devrait être fait par des équipes de machinistes dressés spécialement à la manœuvre des coulisses.

Nous ajouterons enfin qu'un seul avocat a critiqué la répartition des secours, bien que la charité ait été admirablement ordonnée puisqu'elle a commencé par l'administration de l'Opéra-Comique. On a passé sur cet incident qui n'avait point — paraît-il — l'importance que nous lui avions supposée dans notre travail. Laissons donc passer la justice des hommes !

Nous avons promis au lecteur d'étudier la question du Feu au Théâtre, nous lui avons tenu parole.

Nous reconnaissons que ce travail pratique

a perdu de sa valeur en présence de la juris-
prudence qui règle dès maintenant la matière. Les juges ont pris le soin de nous édifier.

Quand le feu se déclare dans un théâtre de
l'État, ce n'est pas la faute de l'administration qui n'a point d'argent pour faire les
améliorations nécessaires sur les scènes subventionnées. Les pompiers exécutent leur
consigne. La commission des théâtres tourne
béatement ses pouces. Que si de pauvres
diables sont brûlés ou estropiés dans la catastrophe, c'est la charité publique qui répa-
rera le dommage — si elle est en humeur de
générosité.

Voilà où nous en sommes. Voilà pourquoi
le spectateur peut être convaincu que l'on a
déjà oublié les deuils de l'Opéra-Comique et
la condamnation de M. Carvalho qui paye
pour ses supérieurs. Voilà pourquoi, au prochain incendie qu'il faudra déplorer, on aura
les mêmes abus à relever, la même incurie à

signaler, le même défaut d'organisation à constater la même insouciance de la sécurité publique à châtier.

La commission des théâtres a repris son somme interrompu. Les machinistes lèvent le coude de plus belle chez les mastroquets voisins de leurs coulisses. Les pompiers brûlent de nouveau pour les petites femmes en maillot. Les portes de sortie se referment et se verrouillent. Le strapontin fait sournoisement sa rentrée tandis que les couloirs sont obstrués comme au bon temps.

La catastrophe a été cruelle. On croyait que la dure leçon nous aurait profité. Retenez, ô contribuables, les paroles que l'avocat Decori et le colonel Couston ont prononcées sur la situation de l'Opéra devant des magistrats, en présence des fonctionnaires qui ont la mission de surveiller les théâtres et les bâtiments de l'État. Cela suffit pour établir comment le droit des particuliers est respecté en

France et comment l'administration comprend ses devoirs et se dégage de ses responsabilités.

E. D.

www.ingramcontent.com/pod-product-compliance
Lightning Source LLC
Chambersburg PA
CBHW071607220526
45469CB00002B/265